JN069760

# 貨幣が語る
# ジョチ・ウルス

ulūs-i jūchī

## 安木新一郎
Shinichiro Yasuki

清風堂書店

# 貨幣が語るジョチ・ウルス

安木新一郎

## はじめに

　軍事史や政治史だけでなく、経済学や貨幣史から見ても、モンゴル帝国はとても面白い。

　本書の主役モンゴル人は、貨幣の価値は君主が決めるという観念を持っていた。イスラム圏や西欧のように金銀の硬貨にこだわることもなければ、中国のように銅銭発行に固執することもなかった。すでに中世の段階で、金属片がその金属価値以上の額面を持ってもいいし、貨幣が金属でなくて紙切れでもいいことに気付いて実践したのがモンゴル人だった。

　モンゴル帝国は広大で、多種多様な貨幣制度が採られていた。中国を支配した元朝では鈔（しょう）と呼ばれる紙幣が作られ、銅銭の使用は原則禁止された。イスラム圏に含まれる中央アジアやイルハン朝では金銀銅のイスラム様式の硬貨が用いられた。

　チンギス・カンの長子ジョチとその子孫を君主にいただくジョチ・ウルス（キプチャク・ハン国）では、国家にとって必要で、また市場も求めるのであれば銀貨を作り、銀が足り

なければ「銅貨16枚は銀貨1枚に値する」と打刻した銅貨を発行した。明らかに軽い銅貨でも政府が銀貨と交換を保証してくれれば、市場で安心して使われた。モンゴル人は貨幣の価値はその金属の価値から離れて構わないことを、全面的に利用するのである。

旧ソ連にあたるジョチ・ウルスで、数の刻まれた銅貨は生まれた。ジョチ・ウルスの銅貨のように金属の価値と額面が乖離した硬貨を価値章標 symbols of value と呼ぶ。遊牧生活の伝統を守り続けた国家ジョチ・ウルスにおいて、どうして現代と同じく数が明記された硬貨が誕生したのだろうか。

本書では貨幣経済という用語は使わない。政府発行の金属硬貨や紙幣以外にも、民間で作り出されたさまざまな貨幣代用物が流通していたのがモンゴル帝国であった。こうした貨幣や貨幣代用物が取引に使われなくても、13～14世紀の遊牧民や狩猟民は価値の単位を持っていたかもしれない。もし持っていれば貨幣を使って生きていたことになる（佐々木1995）。

とはいえ、本書で取り上げる貨幣の大部分は国家が発行する、あるいは国家の承認の下で作られた硬貨である。したがって、あくまで国家の論理を中心に議論がなされる。

さて、2022年2月からロシアはウクライナへの侵攻を開始した。なぜロシアがウクライナをふたたび手に入れようとしているのかを理解するには、両国の共通の歴史、ジョチ・

ウルスの支配という過去を知る必要がある。ジョチ・ウルスを知ることで、ロシア、ユーラシアにおいて噴出している多くの問題の解決の糸口をつかめるものと信じている。

　なお、本書では ZENO.RU という古銭のデータベースの画像を利用している。画像についている数字を ZENO.RU の検索窓に打ち込むと、詳しい画像を見ることができる。参考にしていただきたい。

スウェーデン

ジ　ョ　チ　・ウ
（常闇の国）

●ノヴゴロド
●プスコフ　●トヴェリ　ニジェゴロド
教会騎士団　リトアニア　●モスクワ●
ルーシ
ポロツク　　●ブルガル　　●シビル
●リューベック　クラクフ　トゥーラ●　●モフシ
ハルィチ・ヴォルィニ　　　　　バシコルト
ポーランド　　●オブルチ　　●ウケク
●キエフ
ハンガリー　　　　　●カラチ
ペスト●
スラヴォニア　サクチ●　●タナ　新サライ●　サライ　ヤンギケント
クリム　●カッファ
セルビア　　　　スダク●　　●マージャル　ウルゲンチ
ブルガリア　ジョージア
ビザンツ帝国　　　デルベント●
コンスタンティノープル
●タブリーズ
イ ル ハ ン 朝
●バグダッド

6

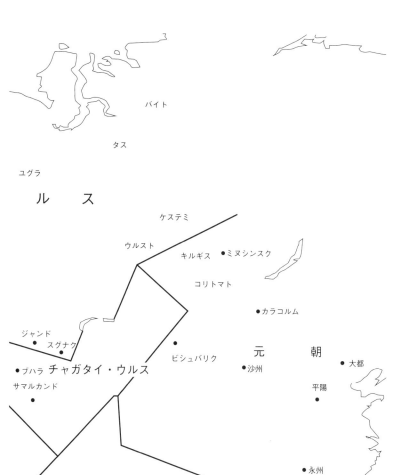

バイト

タス

ユグラ

ル　　ス

ケステミ

ウルスト

キルギス　●ミヌシンスク

コリトマト

ジャンド
●　　　　　　　　　　　　　　　　　　　　●カラコルム
　　スグナク

●ブハラ　チャガタイ・ウルス　　　　　　ビシュバリク　　　　元　　　朝　　　　●大都

サマルカンド　　　　　　　　　　　　　　　　　●沙州
●　　　　　　　　　　　　　　　　　　　　　　　　　　平陽
　　　　　　　　　　　　　　　　　　　　　　　　　　　●

●永州

# 目　　次

# 第1章

# ジョチ・ウルスの成立

## ロシア中心史観からの脱却

　ロシア・旧ソ連におけるモンゴル帝国研究はジョチ・ウルス貨幣に関する研究からはじまったと言っても過言ではない（加藤1991）。ジョチ・ウルス自身が残した文書はほとんどなく、ロシア語に翻訳された外交文書等がわずかに残るばかりである。それゆえ、『元朝秘史』、『元史』、ラシードゥッディーンの『集史』などモンゴル帝国の他の地域で書かれたものや、旅行者の記録、ルーシ（ウクライナ、ロシア、ベラルーシ）の年代記など、ジョチ・ウルスの外部の観察者の書き残したものを使った研究が中心にならざるを得ない。近年、ジョチ・ウルスの後裔が記録した文書の利用価値に光が当てられるようになったが（川口・長峰2013）（川口・長峰2016）、ジョチ・ウルス自ら残した13〜14世紀の史料は遺跡と貨幣しかない。

　ロシア帝国はジョチ・ウルス分裂の後できたものであり、ロシア・旧ソ連の歴史家はジョチ・ウルスをロシア史の中で論じようとする。そのため、1236年〜1242年のいわゆる「ロシア東欧遠征」でルーシがモンゴルに征服され、ジョチの次男バトがヴォルガ河下流に首都サライを置いた1243年ごろをジョチ・ウルスの誕生年とする。

　しかしながら、ジョチ・ウルスから見れば、ルーシは数多い貢納地域の一つにすぎず、ルーシ支配がはじまった時期を

もってジョチ・ウルスの成立期と見なすのは、ロシア中心史観だと言える。


## チンギス・カンの長男ジョチ

　ジョチは父テムジン、後のチンギス・カンと、母ボルテ・フジンとの間の5女4男の長男として生まれた。ボルテがメルキト部族にさらわれ、テムジンの下に帰る途中で生まれたことから、テムジンの子ではなく敵の子だと悪口を言われていたようである。

　ジョチの正確な生没年はわかっていないが、チンギス・カンの生まれた年が1167年だとすると、ジョチは1183年ごろ生まれ、チンギス・カン死去の前の1225年あるいは1227年に、キプチャク草原、現在のカザフスタンの首都アスタナの近くで亡くなったとされる。

　1203年、テムジンは主君にあたるケレイト部族長オンカンに対し、オンカンの後継者セングムの子とテムジンの娘の結婚、およびジョチとオンカンの娘の結婚を提案したがオンカン側から拒否され（秘史、165節）、さらにオンカンから攻撃を受けた。いったん敗北したテムジンはオンカンの陣営を奇襲し、オンカンは逃走中に殺害された。ケレイト部族を吸収したことで、テムジンは急速に勢力を拡大することができた。

また、テムジンはオンカンの弟ジャカ・ガンボの3人の娘、イバカ・ベキ、ベクトゥトミシュ・フジン、ソルコクタニ・ベキをそれぞれチンギス・カン自らとジョチ、末子トルイに与え、その後自らが娶ったイバカ・ベキはウルウト部族長のジュルチデイ伯父に与えた。『元史』、祭祀志3、宗廟上を見ると、ジョチの筆頭王妃はベクトゥトミシュ（別土出迷失）・フジンとなっている。トルイに嫁いだソルコクタニ・ベキは、モンケ・カアン、クビライ、フレグ、アリクボコを産んだ。

　ジョチの結婚相手あるいは相手候補はモンゴル高原の最高位の一族であるケレイト部族長家の女だった。おそらく、テムジンはジョチを次の当主にしようと考えていたのだろう（舩田2018、10頁）。あるいは突厥のようにモンゴルを東西に分け、西の当主をジョチ、東の当主をトルイにしようと考えていたのかもしれない。


## ジョチ・ウルスの誕生

　1206年にテムジンはチンギス・カンと名乗り、大モンゴル国の成立を宣言した。モンゴル高原の全遊牧勢力を一つにまとめたといったものの、西には遊牧諸勢力の宗主であるカラキタイ（西遼）が、南にはタングト族の西夏、そして華北・満洲を治める女真族の金朝がいて、草原がまとまるのを

防ごうとしていた。

　また、モンゴル高原の北に広がるタイガにはオイラト部族やキルギス部族をはじめとする「森の民」がいて（宇野1985）、多くの部族はカラキタイに従っており、モンゴルに敵対するメルキト部族やナイマン部族はキルギス方面、ミヌシンスク盆地周辺に退いて反抗の機会をうかがっていた。

　テムジンはまず1205年に西夏を攻め、1206年の大モンゴル国建国後も金朝に従うことで南と東の国境を安定させ、1207年にモンゴル高原の北西方面への遠征をおこなった。

　1207年にジョチは右翼の軍を与えられ、ウリャンカト部族出身のイェス・ブカ・タイシを道案内として「森の民」の地に向かい、オイラト部族長クドカ・ベキの協力もあって多くの「森の民」を従えることができた。チンギス・カンは戦わずに「森の民」を仲間に加えたジョチの功績をたたえ、「森の民」の一部を部民として分け与えた（秘史、239節）。

　1207年の「森の民」遠征の時に、ジョチはイルティシュ河上流域の遊牧地と、4個の千人隊を与えられたと考えられる。『秘史』と『集史』「ジョチ・ハン紀」（北川1996）（北川1998）の情報を合わせると、クナン率いるゲニゲス部族1個、モンケウルのシジウト部族1個、フウシダイ・バイク率いるフウシン部族2個（秘史、202節にはケテという千人長が登場する）というのが最初期のジョチ家の構成だった。

　高校世界史の教科書では、キプチャク・ハン国、すなわち

ジョチ・ウルスができたのはジョチの子バトがヴォルガ河下流域に首都サライを置いた1243年ごろであると書かれることが多い。遊牧民にとって都市は不可欠だが、欧州や中国のような都市国家を起源とする国家体系とは異なる遊牧民の国家についても、首都の建設を国家の始まりだと決めつけるのは西欧中心史観の弊害である。ジョチ・ウルスの成立年はジョチに部民が与えられウルスのできた1207年ごろとするべきだろう。

## ジョチ・ウルスの「首都」ジャンドの金貨

　1219年からチンギス・カンは中央アジア・ホラズムシャー朝への遠征を開始し、ジョチはオトラルからシル河中下流域の諸都市の征服を任された（杉山2010）。ジョチは「草原の港」と呼ばれたオアシス地帯と草原を結ぶ拠点スグナク（長峯2003）に対し、チンギス・カンを支えた重臣「バルジュナト」の一人でスグナク出身のハサン（秘史ではアサン・サルタクタイ）を降伏勧告の使者として派遣したが、スグナクの住民はハサンを殺害したため武力で制圧し、ハサンの息子をダルガとした。ダルガとはモンゴルが派遣した代官のことで、太守や総督などとも訳され、チュルク語ではバスカクという。

　次に、1219年4月にジョチはカラキタイ出身のチンテム

ルをジャンドに送り、降伏後にアリー・ホージャ・ブハーリーをダルガとした。その後ジョチは1万の兵を派遣してヤンギケントも征服しダルガを置いた（加藤1999、13頁）。ハサンやアリーらは商人であり、モンゴル帝国は商人に支えられていた（村岡2015）。

1220年にジョチはジャンドで冬を越し、翌1221年にはアム河下流にあったホラズムシャー朝の旧都ウルゲンチ攻略に向かい、チャガタイとウゲデイと共同でウルゲンチを落とし、チンテムルをダルガとした（川本2013、109頁〜111頁）。

図1-1はジャンドで作られたイスラム様式のディナール金貨である。アラビア文字が刻印されており、使用言語はアラビア語である。この金貨の右側の面にはシャハーダ（信仰告白）、すなわち「ラー・イラーハ、イッラッラー、ムハンマド、ラスールッラー（アッラーの他に神はなく、ムハンマドは神の使徒である）」という聖句が刻まれている。

次に左側の面を見ると、1段目にジャンド、2〜5段目には、「アル・イマーム、アル・アッザーム、アンナースィル、リディーニッラー、アミール・アル・ムーミニン」と書いてあり、これはアッバース朝第34代カリフ・ナースィルの名と称号である。

モンゴル帝国初期にはカリフ・ナースィルの名の入った硬貨がカラコルム以西で発行された。イスラム世界ではフトバ

（礼拝に先立っておこなわれる説教）の中にその地の支配者の名を入れていたが、硬貨に名を刻むことはフトバで名を呼ばれることと同じ意味を持っていた。

　カリフ・ナースィルは1225年に死去したが、1226年以降に作られた硬貨にもカリフ・ナースィルの名が刻印されている場合もある。したがって、図1-1の貨幣の製造年が1225年以前だとは限らない。

　カリフの名と称号が刻まれた硬貨は、セルジューク朝、ホラズムシャー朝、ヴォルガ・ブルガール王国といったチュルク系国家で発行されてきた。モンゴル帝国は先行するチュルク系諸国家の硬貨の様式をそのまま受け入れたのだった。

　チンギス・カンは、ホラズムシャー朝から手に入れた職人たちをジョチやトルイなど諸王に分け与えた。硬貨製造人も分配されたのであろう。トルイの遊牧地にあるカラコルム（松田2002）や、ジョチの拠点ジャンドなどで、ホラズムシャー朝の様式を引き継いだ硬貨が作られた。

図 1-1　ジャンドのディナール金貨（直径 24mm、量目 3.94g）
（ZENO.RU, #104436）

# 第 2 章

# 貿易立国
# ジョチ・ウルスと銀

## 世界をめぐる銀

　古代ギリシャ・ローマの伝統を受け継ぐ地域の貨幣はおもに金銀製の打造貨、一方、中国の貨幣は銅銭で鋳造貨という違いがある。とはいえ、貨幣に数は記されず、原則その貨幣に含まれる金属の量でその価値が決まる、つまり貨幣の価値は客観的に決まるという点は共通している。

　中国の場合、はじめは五銖銭のように貨幣に銅の量目が記されていたが、額面と量目が乖離していく中、五銖は重さではなく貨幣の名称に転化していく。その後、羯（ケット）族の後趙が作った銅銭「豊貨」を皮切りに、モンゴル高原の遊牧民出身者を皇帝とする王朝により、吉語、年号、国号といった重量以外の文言を入れた銅銭がだんだん作られるようになる。貨幣発行権が皇帝あるいは国家にあることを明示し、貨幣価値は皇帝あるいは国家が決めるというイデオロギーが遊牧社会の影響を受けて成立し（宮澤 2007、124 頁〜125 頁）、最終的に鮮卑族出身の唐朝になって五銖銭ではなく開元通宝が作られ、中国は遊牧民の貨幣観に適応する。

　しかしながら、中国の銅銭は重さ 1 銭（3.75g）、直径23mm、円形方孔の基準がだいたい踏襲され、時代を超えて使われ続けた。貨幣発行権が皇帝にあるものの、この基準から著しく逸脱した銅銭を作っても民間も政府も受け取りを忌避した。大銭という 2 銭以上の額面の銭貨や、鉛銭や鉄銭も

作られたが、流通した時代も範囲も限られる。

　13世紀に登場したモンゴル帝国は、貨幣が金属でなければならないことを否定し、特に中国では金属貨幣の流通を原則禁止し、鈔という金銀や銅銭の裏付けのない不換紙幣を発行した。銅銭も使われたが、価値尺度機能は中統鈔が担い、使用期限がなくなった鈔は価値保蔵機能も獲得したため、銅銭は交鈔に対する補助貨幣化し、また日本やインドネシア、キプチャク草原に輸出されていった。

　金について言うと、モンゴル遊牧民にとって金製品は持ち運びに便利な資産であり需要は大きかった。元朝期の金銀比価は「金1＝銀8」で、北宋期に「金1＝銀6」だったのに比べると金高銀安である（前田1973、118頁）。材料としての金需要の高さがうかがえる。

　銀については、支払手段として用いるイスラム圏に流入し、かわりに多くの奢侈財が東方に移出されたと考えられる。反対にシリア、エジプト、北インドなどはモンゴル帝国から馬とマムルーク（軍人奴隷）を買わなければ政権が維持できない状態にあり、こうした馬と奴隷の代価として銀が支払われた（岡本2007）。それゆえ、イスラム圏は銀をモンゴルや欧州から得なければならない。欧州もまた塩、小麦、絹、香辛料などの東方の産物を買うために銀が必要であり、13世紀後半からドイツ、チェコ、ボスニア、セルビアなどで銀鉱開発が進む。こうしてモンゴル帝国が成立して以降、

アフロユーラシア全体で銀の流通が活発化するのである（杉山・北川 2008）（四日市 2008）。

　ジョチ・ウルスは馬、奴隷、リスやクロテンなどの毛皮、蜜蝋、木材、塩、塩漬けの魚、小麦やキビ、海獣の角などの輸出能力があり、他方、金銀銅や硫黄などの鉱産資源には恵まれていない。輸入品としては、鉱物資源の他に、綿織物、絹製品、陶磁器、ガラス製品、香辛料、弩を装備した傭兵、タカラガイなどがあり、絹製品などは黒海やドナウ河を通じて再輸出された。

　ジョチ・ウルスでは、ヴォルガ河中下流域、黒海北岸、ホラズムなどの都市で硬貨が作られていたが、遊牧民は繊維製品や銅貨を支払手段としており、また、シビル（西シベリア）やルーシ（現在のウクライナ中西部、ベラルーシ、ロシア中央部と北西部）でも硬貨ではなく毛皮などの物品貨幣が使われていた。銀は国内流通用としてよりも対外決済手段として位置付けられていたと考えられる。

　モンゴル帝国、ジョチ・ウルスが作り出し使っていた、銀をおもな決済手段とした長距離交易網はどのようにしてできたのだろうか。


## 西道諸王

　1225 年から 1227 年のあいだにジョチは亡くなった。チン

ギス・カンはジョチの次男バト（生没年 1207 年ごろ〜 1255 年）をジョチ家の当主とした。ジョチの子は男だけで 14 人はいたとされ、ジョチの 4 個の千人隊は長男オルダと次男バトに 2 個ずつ分けられ、残りの男子は 2 人のどちらかに属すことになった。

　イルティシュ河流域はオルダが受け継ぎ、バトは旧西夏領西部の沙州（甘粛省敦煌市）一帯に牧地を与えられた。チンギス・カンは 1227 年に西夏遠征中に亡くなり、直後に西夏は滅んだ。旧西夏領は 4 王家に分けられ、ジョチ家は最西端を得た（村岡 2001）。

　イルティシュ河上中流域はチンギス・カンのホラズムシャー朝遠征の時の集結地となったことからもわかるように、内陸ユーラシアの東西南北を結ぶ要衝である。また、オトラル、スグナク、ジャンドなどの都市をかかえるシル河流域もまた交易拠点だった。さらに、沙州はチャガタイのもつ甘州（酒泉）の西側に位置し、帝都カラコルムや中国から中央アジアに向かう街道の玄関口にあたる。しかも輸送に必要なラクダの名産地でもあった。ジョチ家の遊牧地は、これからモンゴルが西へ延びていくために必要不可欠な拠点なのである。

　モンゴル高原の東にはチンギス・カンの弟のウルス、西には子のウルスが 3 つずつ置かれ、それぞれ東道諸王、西道諸王と呼ばれた。諸王は遊牧地だけでなく商業路という権益も

合わせて与えられたと言える（白石 2017）。


## ジョチ家の東方領

　ジョチは金朝遠征にも参加しており、ジョチ家は山西省南部を中心に 5 万戸強の定住民を支配していた。

「平陽道はバト大王に属し、大王はほかに真定、河間道内に鼓城など 5 ヶ処をあわせもっていた。大王は一族の中で最も尊ばれる地位にあるので、分けられた土地は特に大きく、ほかの道と同じように、ただ「10 戸に 4 斤の絲」「1 戸に 2 両の包銀」だけを出させるだけで、（財政収入が—以下、括弧内は引用者）乏しいということはまったくなかった。……現在、バト王の政庁は、平陽道を細かく分けて、王妃たちや王子たちに、それぞれそこの民から税を取り立てさせ、その道の州、郡は 50 人から 70 人の頭項（投下。部族長、千人長のこと）たちに分けられ、一つの都市（城）あるいは数村を得た者たちは、それぞれが官（ダルガ）を差し向けて、（そこの民を）監督させている。」（川本 2013、154 頁〜 155 頁）

　上記の引用文は郝経の文集『陵川集』の「河東罪言」という報告の一部である。ジョチの民は、バトをはじめとする諸王（チンギス・カンの男系子孫）、公主（チンギス・カン家

の女性）、投下（貴族）などに細かく分配され、それぞれが支配地にダルガを派遣していたことがわかる。

　また、バトは遠征時に直接人間（ハシャル）を与えられている。

「太宗 7（1235）年 7 月、燕京路、保州など、20 戸ごとに軍 1 名を選び出させて、答不葉児に命じて軍の派遣を統轄させた。真定、河間、邢州、大名、太原などの路においても、すでに徴発した軍人を除いて、断事官シギクトクが新たに戸籍登録した民戸 37 万 2,972 人の内から 20 丁ごとに軍 1 名を出させて、それらを答不葉児に属させ、彼に統轄させた。」（川本 2013、168 頁）

　この少なくとも 2 万弱の兵はバトの征西に伴われ、そのまま西方にとどまった。

　遊牧騎馬軍団を保持するのに必要な牧地と、地域間交易にかかわる収益が得られる道と都市、そして多くの人がいる華北がジョチの子たちに与えられ、これらを元手として史上名高いバトの征西、別名「ロシア・東欧遠征」がおこなわれることになるのである。

## 東方からの収入

　バト期に関しては、特殊な事例だが、皇帝からの賜与額は年に銀1,000錠だったという記述が残っている。『元史』、憲宗3年癸丑（1253年）6月条に、バトが脱必察（トブチャ）をモンケ・カアンの下に派遣し、真珠を買うためとして銀1万錠を求めた時、モンケ・カアンは1,000錠しか与えず、これを今年の賜与分とすると詔した、とある。単純に考えると、この年2トンの銀塊が漢地からキプチャク草原に運ばれたことになるが、おそらく銀だけでなく、絹布や真珠、陶磁器などに換えられて送られたと思われる。

　また、クビライ・カアンは南宋を征服すると、ジョチ家に湖南・永州の6万戸を与えた（村岡1997）。分民のいる地域のことは分地や投下領などと漢語では表現される。

　ウズベク（在位1315年〜1341年）は、元朝に対し収入を要求している。『元史』、列伝第4、朮赤には、以下の記述がある。至元2年（1336年）にウズベクは元朝に使者を送り分地からの歳入を求めた。大都にジョチ家の総管府（高等弁務官事務所にあたる。外地にいる自国民に行政サービスを提供する機関）はなかった。至元3年（1337年）に総管府が置かれ、正三品の印が与えられた。ジョチ家の分地は平陽、晋州、永州で、歳入は年2,400錠あり、至元5年（1339年）からいくらかの歳入を得られることになった。

ジョチ家当主の重要な役割のひとつは、分地分民からの収入を諸王・公主・投下に分けることである。漢地にいる11万戸強の分民から、中統鈔換算で2,400錠の歳入があり、この内いくらかが銀塊でジャニベク（在位1341年〜1357年）に送られたと考えられる。


## イラン総督府

　1229年に第2代太宗ウゲデイが即位すると、チョルマグンを主将とするタマ軍4万を編成し、イラン方面に派遣した。タマ軍とは各部族から一定の割合で集められたモンゴル兵に、定住地域の歩兵を組み合わせた先鋒鎮戍軍のことで（松田1998）、本国には戻らず征服地に永遠に留まることを課された軍団だった。

　イラン方面のタマ軍への補給のため、ウゲデイはイラン（ホラサーンとマーザンダラーン）の統治機関を設けた。イラン総督府の長官としてジョチ家の家臣でホラズム総督だったチンテムルが任命され、4王家からそれぞれクルボラト（ウゲデイ家）、ノサル（ジョチ家）、クズルブカ（チャガタイ家）、イェケ（トルイ家）が派遣されチンテムルの配下とされた（川本2013、110頁）。

　権益を各王家に配分し、権益を得る代わりに各王家は軍を出し、共同で新規作戦をおこなうというのがモンゴルの国体

である。注目すべきは、チンギス・カン一族の共同所有であるイランの総督がジョチ家の家臣だという点で、チンギス・カンが亡くなる前にチンテムルがイラン総督になることは決定されていたのだろう。ジョチ家が西方の経営を任されていた証拠である。

とはいえ、ウゲデイとチャガタイにとって、チンテムルとその子は邪魔でしかない。やはりチンギス・カン時代からの中央アジア総督ヤラワチと子のマスウード・ベクも統治に介入するチャガタイともめていたようである。ウゲデイは1239年にクルグズを第3代イラン総督としてからようやく人口調査と戸籍登録を命じた。クルグズもジョチ家の家臣だったが、ウゲデイ・チャガタイ派に寝返った。おそらくこうした露骨な自身への利益誘導に対し、各方面から反発が起き、1241年にウゲデイが崩御するとクルグズも処刑されるのである。


## バトの征西

1236年からモンゴルは南宋とキプチャク草原という二正面同時作戦を始める。キプチャク遠征にはジョチ家の部隊に加え、チャガタイ家のブリ、ウゲデイ家のグユク、トルイ家のモンケ・カアン、そしてチンギス・カン庶子のコルゲンなど、各王家の長男にあたる人物が正規兵を率いて参加した。

総司令官はバトで、オルダ、ベルケ、シバン、タングト、シンコルといったジョチ家の諸王総出の遠征となった。副将にはウリャンカ部族出身のスベエテイ・バートルが就いた。スベエテイ・バートルは1223年にジェベと共にキプチャク草原で戦闘経験があり、作戦地域での人脈も築いていたようである。

　1236年にまず大ハンガリー（バシコルトスタン）とヴォルガ・ブルガールを征服したが、一度降伏したブルガール族のジクとバヤンは反旗を翻した。この時、スベエテイ・バートルが2人を説得し再帰順させた。モンゴル軍は殺戮と破壊の権化のように言われるが、撤退する時に襲われないよう敵地を焦土化することはしても、次の作戦の後方となる拠点を破壊するようなことはしておらず、調略、降伏勧告を粘り強く行うことで将来の味方の被害を最小限に抑えていた。

　最重要目標であるキプチャク征服については、首長の一人バチュマンが頑強に抵抗し、またクテン（マジャル語ではテケニュ）は4万帳を率いてハンガリー王国に逃げ込んだ。

　クテンは中東欧の最重要人物と言ってよい。モンゴルと深い関係を持つことになるウラジミル大公アレクサンドル・ネフスキー、ハルィチ大公ダニール、ハンガリー国王ラースロー4世は、クテンの孫あるいは曾孫である。クテンは娘や孫のいるウラジミルやガリチア、あるいはハンガリーに逃げ込む可能性があり、モンゴル軍はこうした地域に侵攻し、ま

たポーランド、セルビア、ブルガリアで副次的作戦をおこなうことになった。

　1236年〜1242年のバトの征西の後半は、クテン捕獲を最終目標とした軍事作戦だったのである。ところがクテンは逃亡先のハンガリーで殺され、キプチャク族の多くはブルガリアに脱出、その後ブルガリアはゲオルギ・テルテルらキプチャク族の支配する国となり、しかもジョチ・ウルスに服属する。本作戦はモンゴルの完勝であり、バトはサイン・カン（賢明なカン）と称えられた。


## バトとグユクの対立

　ウゲデイとチャガタイはタマ軍の編成とキプチャク遠征に加え、ジャムチという駅伝をバトの下まで伸ばすという決定をしている（秘史、279節）。モンゴル高原からキプチャク草原まで駅伝、街道を整えるということは、街道を維持・管理する遊牧単位（千人隊）を割り当てることを意味し、そのためには人口調査を実施し、戸口青冊（住民基本台帳）を作成し、諸王、公主、附馬、投下へ部民を分配しなければならない。王侯に征西の成果を分けようというのである。

　ところが、1241年にウゲデイとチャガタイはほぼ同時期に死去し、征西軍はハンガリーからゆっくりと引き揚げていった。バトは1243年ごろヴォルガ河下流域最大の支流ア

フトバ河のほとりにあったサライを冬営地とし、北はブルガール国境に至る遊牧圏を定めた。こうして征西の結果得たヒト・モノ・カネは諸王が自領に持って帰ったが、土地と残されたものはジョチ家が独占できる状況になったのである。

　各王家の共同作戦の結果得られた土地は共同所有領であり、イラン総督府のようにルーシ総督府や北コーカサス総督府が置かれるべきである。ところが、次の皇帝定宗グユク（ダライ・カン）はバトとは対立関係にあり、バトはグユクの下に行くことを拒否し、中央から総督を派遣できる状況になく、人口調査もおこなわれなかった。

　とはいえ、対外関係については、バトは服属する君侯や使者をグユクの下に送っている。モンゴルとしての一体性は保ちつつ、征服地は専有しようとしたのである。

　こうした複雑な状況がよく表れているのが、以下で見るサライで作られたディルハム銀貨である。


## サライの銀貨

　図2-1はサライで製造されたディルハム銀貨である。この銀貨の右面にはカリマが刻印されており、イスラムの伝統的な貨幣の様式を踏襲している。

　他方、左面の表面は点線で内側と外側に分けられており、外側の右側にはインド数字で「641」と刻印されている。し

たがって、この銀貨はヒジュラ歴641年（西暦1243年〜1244年）に発行されたことがわかる。

　点線で丸く囲まれた内側にはアラビア文字で、

上の行　　sray

下の行　　（al）'az（a）m/ haan

と書いてある。上の行からこの銀貨がサライで製造されたことがわかる。モンゴル軍は都市を徹底的に破壊したとよく言われるが、バトの征西直後の1243年〜1244年にはサライの造幣局は稼働していたことがわかる。

　次に下の行を見ると、モンゴルのカアンを「khaan」ではなくハアン「haan」と書いている。他の貨幣では、カンは「khagan」や「khan」、カアンは「khaan」、イルハンは「ilkhan」と表記されることが多い。しかしながら、このサライの銀貨には「kh」ではなく「h」が用いられている。

　初めてカアンの称号を用いたのは第2代太宗ウゲデイであり、初代太祖チンギス・カンも第3代定宗グユクもカアンではなくカンである。この銀貨にはハアン、すなわちカアンと刻印されていることからウゲデイ期およびドレゲネ監国期（1241年〜1246年）に製造されたことがわかるが、1243年〜1244年はドレゲネ監国期にあたる。

　さらに、この銀貨には弓形のタムガが刻印されている。タムガとはモンゴル遊牧民が家畜に入れた印で（山田1993）、硬貨にも刻印された。弓形タムガはチンギス・カン期から使

用され（Nyamaa, 2005, pp30-31）、イルハン朝のアバカの統治地域で発行された銀貨にも用いられる（Nyamaa, 2005, p.214）など、モンゴル帝国初期に西方で発行された貨幣に見られる。

　ニャマー博士は弓形のタムガをウゲデイのタムガであるとしているが（Nyamaa, 2005）、ウゲデイのタムガはS字タムガであり、弓形タムガは特定の諸王のタムガではなさそうである。1243年時点のサライはジョチ家単独所有ではなくモンゴル帝国の直轄領で、サライでの徴税目的に発行されたディルハム銀貨には、モンゴル帝国の収入であることを示す弓形タムガが刻印されたのだろう。

　サライがジョチ・ウルスの首都だったと表現することは間違いではないのだが、遊牧民の国家にとっての首都とは、君主の宮殿があるものの、常時住むところではない。ジョチ・ウルスの君主は遊牧地を季節移動しているのであり、夏はブルガールとの境目あたりまで北上し、冬はサライ周辺にいた。つまり、サライは冬営地にある、越冬に必要な物資や人間のいる倉庫のようなものであり、これがモンゴル国家の「首都」なのである。

　ちなみに、サライの場所は正確にはわかっていない（會田1998）（長峰2022）。ジョチ・ウルスはまだまだ謎に満ちた国である。

## スラヴォニアにおける銀貨発行

　ジョチ・ウルスに貢納していたスラヴォニア（クロアチア東部）では、クロテンの毛皮を貨幣として用いてきたが、1250年代に入ると独自銀貨が作られるようになった。スラヴォニアではハンガリー王権から相対的に独立したバン（太守、副王、総督などと訳される）がバンスキ・ディナールBanski Denar あるいはバノヴァク Banovac と呼ばれる銀貨を発行した（Berta, 2008）。独自硬貨が作られる前のスラヴォニアを含むクロアチアではクナというクロテンの毛皮が貨幣とされていた。ちなみに、ユーロ導入以前のクロアチアの通貨単位もクナだった。1256年からクロテンの絵が打刻された銀貨（図 2-2）を作った背景には、徴税手段をクロテンの毛皮の代わりに銀貨にしなければならない理由があったと考えられる。

　フランスからモンゴルへ赴いたフランシスコ修道会士のギョーム・ド・リュブリキ（Willielmus de Rubruquis、ルブルクのウィリアム）は、次のように1253年ごろの状況を記録している。

「タナイス（ドン河―括弧内は筆者。以下同様）の河口からダヌビウス河（ドナウ河）まで全て彼ら（モンゴル人）のもので、ダヌビウス河をコンスタンティノポリスの方へ、アッ

サンたちの地であるブラキア（ワラキア）や小ブルガリアは
スクラウォニア（スラヴォニア）まで、全て彼らに貢納して
いる。また彼らタルタル人は、定められた貢納のほかに、近
年各戸から斧一丁と大量に見付かった鉄を全て徴収した。」
（高田編訳 2019、179 頁）

　ジョチ・ウルスはドナウ河流域の諸勢力から定期的に貢納
を受け取っており、その範囲はルーマニア、ブルガリアから
セルビア、クロアチアに及んでいた。ジョチ・ウルスへの貢
納を集めるために、スラヴォニアでは銀貨の発行が必要と
なったのだろう。

　なお、バンスキ・ディナールを作ったハンガリーの大貴族
ゲルトルド家からポーランド国王ステファン・バートリなど
を輩出するバートリ家が生じた。バートリはモンゴル語の
バートル（戦功をたてた遊牧騎士に与えられた栄誉ある称
号、決死隊）の借用語であり、ゲルトルド家がモンゴルと密
接な関係にあったことがうかがわれる。

　ドナウ河もまた、ジョチ・ウルスにとって重要な交易網の
一つであった。1250 年代にジョチ家の軍が駐留していた西
端はドニエプル河東岸だったのが、3 章で見るように 1260
年代にはベッサラビアに諸王ノガイの軍が常駐するようにな
る。

## 塩の帝国

　モンゴル帝国の税制について見てみよう。

　遊牧民は皆兵で、戦時に15歳〜70歳までの男子はすべて動員される。食糧や武器・防具は自弁で、奥魯（アウルク）として家族もまた補給等の後方支援で参加する。平時は所属長にヒツジや馬乳酒などを納め、ジャムチの維持費や夫役も負担しなければならない。戦時の所属単位が平時の生活集団でもあり、単位ごとに決まった牧地を季節移動していた。

　キプチャク草原にある黒土地帯は水さえあればきわめて優良な農地でもあり、夏営地や冬営地に残ったり農業労働者を雇ったりして穀物生産もおこなわれた（イブン・ファドラーン2009、226頁〜227頁）。遊牧民は穀物を直接食べず酒の原料にしていたようだが、中国、中央アジア、中東欧各地から多くの人々が集められており、こうした牧畜労働者や各種職人などの非遊牧民にとってキビ、オオムギ、エンバク、カブなどの農産物は不可欠だった。また、古代ギリシャ時代からつづく輸出商品作物としての小麦生産もおこなわれていた。ジョチ・ウルスはヌントクチン（牧地の司）という官職を置いて遊牧民が農地を荒らさないよう監視していた（村上訳注1976、74頁）。

　以上見たようにさまざまな税が現物、夫役、貨幣の形で課されていたが、モンゴル帝国において最も重要な財源の一つ

が塩への課税である。元朝の貨幣建ての歳入の大半は塩の専売事業によるものであり、政府が商人に塩引という塩の払渡証券兼販売許可証を売ることで、政府は貨幣を得るという仕組みになっていた（前田 1973、118 頁～ 121 頁）。

　ルーシの製塩については、ガリチア・クラクフ周辺の塩泉から得られる塩水を土器に入れて煮詰めて作った塩は 13 世紀初頭までルーシ全土に販売されていたが、塩泉が徐々に干上がり、1247 年から岩塩の採掘が始まり、1278 年にポーランド王所有となった（カーランスキー 2014、207 頁）。また、北極圏の白海沿岸の海水や北ドゥビナ河周辺の地下水を煎熬（蒸発脱水）して塩をとっていた（スミス・クリスチャン 1999、93 頁）。

　これに対し、ヴォルガ河下流域やクリミア半島最北端のペレコプ地峡東側には天然の塩床や塩湖があって、ガリチアや北極圏よりも効率的に塩を採取できた。ギョーム・ド・リュブリキはクリミアの塩田について以下のように述べている。

「その地方（クリミア半島）の（北の）端には大きな湖がたくさんあり、その岸に塩水の泉があって、その水は湖に入るとすぐに氷のように固い塩になり、その塩からバトとサルタクは大きな利益を得ている。というのも、その塩のために全ルーシから人がやって来、それを積んだ 2 頭立ての車 1 台につき半イペルペロ（ヒュペルピュロン）の値打ちのある綿布

を2反払うからである。海からもその塩のために多くの船が
やって来、どれもその量に応じて貢納を払う。」(高田編訳
2019、181頁)

　ギョームはビザンツ帝国のヒュペルピュロン Hyperpyron
金貨(Grierson, 1999)(西村 2020)を価値尺度としていた
が、クリムやルーシの人びとは金貨を使っておらず、綿布が
決済手段とされた。また、ヴェネツィア人も塩を買いに来て
いた(カーランスキー 2014、108頁)。
　さらに、ギョームはクリミアの塩田における徴税について
次のように記録している。

「とうとうその地方の端に着いた。そこは、一つの海からも
う一つの海まで運河で閉じられ、その向こうは彼(クリミア
首長スカカタイ)らの宿営地で、そこに入ったとき見たのは
皆ハンセン病者のような人々だった。つまり、前述した塩の
山から塩を採る者たちから貢納を受け取るためにそこに置か
れたみすぼらしい者たちだった。」(高田編訳 2019、196頁)

　家族経営の小規模製塩業者は、硬貨ではなく綿布で納税し
ていたのだろう。また、末端の徴税請負人は被差別民のハン
セン病患者だったようである。ルーシの年代記にはムスリム
の徴税請負人が登場するが(栗生沢 2007)、末端の徴収者が

描かれることはなく、ギョームの記録は非常に貴重である。


## ジョチ・ウルスの最盛期と急変

　1248年、ついにグユクは軍を率いてエミルに向かい、バトも軍を中央アジアに展開しはじめる。ところが、グユクはビシュバリク方面で急死した。バトが毒殺したとされる。

　1251年にバトの支持により第4代憲宗モンケ・カアンが即位した。モンケ・カアンは帝国全体の人口再調査を命じ、ジョチ家の協力の下、ジョージアやルーシでも実施されることが決まった。

　モンゴル征服後のドナウ河は長距離の奢侈財交易の経路となり、またジェノヴァ人の進出により穀物輸出もさかんになる。黒海沿岸にはヴェネツィア人やジェノヴァ人が居留地を作り、アゼルバイジャンのタブリーズにも進出してくる。北では1259年にノヴゴロドで人口調査がおこなわれ、全ルーシがジョチ・ウルスの支配下に組み入れられる。ジョチ・ウルスの交易網はイラン、地中海、バルト海へとつながっていくのである。

　貨幣発行については、ブルガールでモンケ・カアン、1259年以降はアリクボコの名やタムガの刻印された銀貨が作られた。ジョチ家はあくまでモンゴル帝国の一部だったことが貨幣からわかる。

1255 年にバトは死去し、この後も不幸が続く。後継者で長男のサルタクはバト死去の時カラコルムにいて、自領に戻る途中に亡くなり、息子のウラガチが後を継いだが、すぐに死んでしまった。こうしてバトの弟ベルケが当主になった。

　ジョチ家の次の目標はアゼルバイジャンの良質な草原と、イラク、シリア、エジプト、北インドといったイスラム圏との交易利権である。馬、奴隷、毛皮などを売り、銀、タカラガイ、綿布、香料などを買うのである。ベルケ自身がムスリムとなり、イスラム圏との友好関係を結ぼうとすると同時に、こうした南北交易路をかく乱するイランのニザール派教団国家を滅ぼす必要がでてくる。

　1253 年、モンケ・カアンは三弟フレグを主将とするイラン遠征軍を派遣し、ジョチ家も諸王クリ、バラカン、トタル率いる軍を送り込む。ニザール派教団国家の当主が降伏した後、1258 年にフレグはバグダッドを落としカリフを処刑してしまう。ベルケがフレグの勝手な行動に怒るのは当然であろう。交易相手であるスンニ派ムスリム全員を敵に回しかねないからである。フレグにとってはアゼルバイジャンを夏営地、バグダッド周辺を冬営地とするためには、カリフ国家は邪魔な存在だったと思われる。すでにベルケとフレグの利害は一致しなくなっていた。

　とはいえ、遠征中にバラカンがフレグを呪い殺そうとしたという事件でベルケは有罪判決を下し、バラカンは死刑と

なった。ジョチ家右翼の主将で、バト家に次ぐ実力を持つシバン家のバラカンを抹殺することで、ベルケはイラン方面のジョチ家の権益を思う通りに配分したかったのだろう。

　1259年、モンケ・カアンが遠征先の四川で崩御し、後継者で末弟のアリクボコに対し、次弟クビライが東方三王家や五投下といった反モンケ・カアン派を集めて反乱を起こす。この内戦の過程で、ジョチ家の権益は大きく損なわれることになるのである。

図 2-1　弓形タムガの打刻された銀貨（直径 19mm、量目 2.8g）（ZENO.RU, #597）

図2-2 スラヴォニアのバンスキ・ディナール（バノヴァク）
（直径 15.1mm、量目 0.9g）（ZENO.RU, #77327）

注）右面中央にクロテンが刻まれている。

第 3 章

# 境界領域クリミア

## 遊牧民の天地クリミア

　エカチェリーナ2世によって1783年にクリム国が滅ぼされるまで、クリミア半島は遊牧民の支配する土地だった。クリミア半島南部の山地の中にはヤイラと呼ばれる森のない平坦な草地があり夏の放牧地とされ、冬が近づくと山を下りて平地で過ごした。高度差を利用して夏は山地、冬は平地という季節移動をし、遊牧地の真ん中にクリムあるいはソルハトと呼ばれた町（現在のスタリィ・クリム）が作られ、14世紀にはホラズムのウルゲンチと並んでコンギラト駙馬家の当主が総督を務めるほどの重要拠点となっていた。

　イタリア人はクリミア半島を「ガザリア」、すなわちハザールの地と呼んでいた。現在ウクライナ政府はクリミア・タタール語、カライム語、クリムチャク語を自国の公用語としているが、この3言語はチュルク語系であり、特にカライム語とクリムチャク語はクリミア半島に住むユダヤ教徒の母語だった。ハザールは王家がユダヤ教に改宗したことで有名だが（プリェートニェヴァ 1996）、クリミア半島にはチュルク語話者のユダヤ教徒の社会が20世紀まで残っていたのであり、おそらくモンゴル帝国時代もあったのだろう。

　現在のようにクリミア、クリムというようになったのは中心都市の名がクリムだったからだと考えられる。なぜなら、モンゴル人はある地域の名称をその地域の中心都市の名で呼

ぶからである。

　クリミア半島はペレコプ地峡という狭い陸地でユーラシア大陸とつながっており、遊牧民にとって優良な牧地であったとともに、外敵が容易に侵入できない天然の要塞であった。また、2章で見たようにペレコプ地峡の東側の腐海では製塩がおこなわれ、ジョチ・ウルスに莫大な税収をもたらしていた。

## 国際貿易拠点

　クリミア半島南部の山地を越えた沿岸にはカッファやスダクなど港湾都市が点在し、ジェノヴァやヴェネツィアなどイタリア海洋都市国家の商人たちが居留地を形作っていた。特にビザンツ帝国がコンスタンティノープルに復帰した1261年以降、ジェノヴァ人がさかんに入植していった。この南部地域には古くからギリシャ人が住み、またクリミア・ゴート人という正教徒のゲルマン語話者がいた。

　クリミア半島に初めてモンゴル軍が現れたのは1223年で、ジェベとスベエテイ・バートル率いる軍によってスダクが落とされた。その後、1236年〜1242年のバトの征西により再征服された。

　バトの征西でモンゴル軍に捕まったキプチャク族の多くがクリミアを経てアナトリアのシヴァスの奴隷市場で売られ

た。マムルーク朝のスルタン・バイバルスもその一人で、ブルガール族のアナス・ハンに捕えられてシヴァスで売られた後、エジプトに向かうのである。

　後年、バイバルスはフレグの下から逃れたジョチ家の軍を保護してクリミアまで送り届けたり、硬貨に自身とベルケの名前を入れたりするなど、終始ジョチ・ウルスに対して友好的な態度を採った。また、バイバルスはクリミアにイスラム寺院を建てるための寄進をした（佐藤 2013）。マムルークになった後スルタンにまで出世した成功体験を、故郷の人々やジョチ・ウルスに伝えたかったのだろう。


## モンゴルでもありビザンツでもある所

　マムルーク朝にとってジョチ・ウルスからのマムルークの供給は必要不可欠であり、中継点であるビザンツ帝国と、海路を握っているジェノヴァとの関係も重要だった。マムルーク朝はスダクでの奴隷購入に関する条約をビザンツ帝国と結んでいる（岡本 2007）。

　ジェノヴァについて見ると、クリミアのカッファには１年任期のコンスル（領事）が置かれ、本国から指名を受けていた。また、コンスタンティノープルのペラにはポデスタ（大使）がいて、ペラの統治に加え、黒海岸や小アジア各地のコンスルに優越する地位が与えられ、外交代表としても振る

舞った。ペラのポデスタは podestas lanuensium in impero Romaniae（ローマ帝国におけるジェノヴァのポデスタ）の称号を持っていた（永沼 1993）。カッファはジョチ・ウルスの支配を受けつつ、ビザンツ帝国の領内扱いでジェノヴァの居留地となっているという、現代の感覚からすると領有権のあいまいな土地だった。

　国際交易の拠点であるクリミア半島南岸一帯が、ジョチ・ウルスとビザンツ帝国の両方に属していることが関係者にとって都合がよかったのだろう。江戸時代の琉球王国が薩摩藩と清朝に両属していたのとよく似ている。

　ジョチ・ウルスから見ると、マムルーク朝からもたらされる銀、香辛料、繊維製品などは貴重であり、1260 年代になってイルハン朝ができたことでイラン方面との交易路が不安定化すると、クリミア経由の海路の重要度がますます高まったのである。1269 年にジェノヴァがカッファに居留地を作ったのは、ジョチ・ウルスの認可があったからだろう。

## 総督テムルブカ

　1250 年代にモンゴル統治下のクリミア半島で初めて作られた硬貨には、ジョチ家のタムガや諸王の名ではなく、ダルガ（総督）テムルブカの名前が入っている（図 3-1）が、先行研究ではテムルブカではなくトカテムルとされてきた。

トカテムルがクリミアに分地分民を持っていた可能性はあるが、貨幣に当主以外の諸王の名が刻まれることはノガイなどわずかな例を除いてありえない。そもそも当該期にはバトの名すら入らないのである。

　また、硬貨に刻まれているテムルトカをトカテムルと読むのには従い難く、アラビア文字のｔとｑが似ていることから、テムルブカと読むのが正しい。

　モンゴル帝国全体を見渡すと、ダルガの名が刻印された硬貨は多数ある。以下で詳しく見てみたい。


## 漢字の刻印された銅貨

　モンゴル帝国支配下の中央アジアのブハラでは、漢字の刻印されたディルハム銅貨が２種発行されている。一つが漢字一文字「課」が刻印されたもの（図3-2）で、もう一つが二文字「不花」が刻まれたものである（図3-3）。フレンが紹介して以降、おもに旧ソ連・ロシアにおいて研究が積み重ねられてきた。

　まず図3-2の銅貨について見てみよう。「課」という文字が税金を意味しているという点で多くの論者は一致している（Давидович1972）（Nyamaa2005, pp143-144, p.169）。しかしながら、徴税手段を表すのに「課税」の「税」ではなく「課」と省略したというのは不思議に思われる。結論から述べる

と、「課」とは徴収課税所の略語だと考えられる。

　太宗ウゲデイ2年（1230年）に華北のモンゴル占領地に「路」という行政区画ができ、路ごとに徴収課税所（監榷課税所、宣課司、税課所とも書かれる）が置かれ銭穀のことを管理するようになった。徴収課税所を表す漢語は多数あり、また金代にはなかった語彙であることから、何らかのモンゴル語からの訳語だと思われる。こうした漢語訳に共通して含まれる字が「課」である。太宗8年（1237年）には交鈔と呼ばれる紙幣が発行されたが、路徴収課税所が交鈔の印刷と発行の担当機関となったのだろう。10個の路徴収課税所は後の燕京行台尚書省（モンゴル帝国3大直轄領の一つ）の下部組織であり、後述するビシュバリク行省の各地にも徴収課税所が置かれ、貨幣発行や穀物徴収を受け持っていたと考えられる（前田1973、41頁～106頁）。すなわち、銅貨に刻印された「課」は貨幣発行を担当する部署である徴収課税所の略である。


## ダルガたちの長ブカ都帥

　次に図3-3の銅貨について、「不花」はブハラという地名を指すというものと、ブカという人を表すという2つの説がある。

　「不花」地名説について述べると、モンゴル帝国時代のブ

ハラは漢籍資料では「蒲華」や「不花剌」と表記される。つまり、不花は蒲華の同音異字、あるいは不花剌の「剌」が省略されたものと見るのである。イスラム様式の貨幣には製造地が示される場合が多く見られ、このディルハム銅貨ではアラビア文字でも漢字でもブハラで発行されたものだとわかるということになる（Nyamaa, 2005, p.142）。

　もう一方の「不花」人名説について考える。ヒジュラ歴660年頃のブハラにはブカという名の高官がいるのである（宮 2018、699 頁〜 700 頁）。

　チンギス・カン率いるモンゴル軍は 1218 年にモンゴル高原を出発し、1219 年末にオトラルを包囲してホラズムシャー朝への侵攻が始まった。1220 年にはアム河とシル河に挟まれたマーワラーアンナフル地方の主要都市であるブハラとサマルカンドを落とした。

　マーワラーアンナフルの統治者について言えば、1212 年にカラハン朝の余裔からホラズムシャー朝がサマルカンドを奪って遷都した後、1220 年にモンゴル軍が占領した。カラハン朝もホラズムシャー朝もカラキタイに服属していたので、モンゴル征服前のマーワラーアンナフルはカラキタイの影響下にあったと言える。

　カラキタイは元号を使ったり円形方孔の銅銭を鋳造したりと、中国的な制度を中央アジアに持ち込んだ。マーワラーアンナフルではイスラム圏で広く見られた人頭税ではなく、中

国的な戸、すなわち世帯ごとに税金をかけていた（バルトリド 2011、200 頁〜 201 頁）。

占領後のブハラでは耶律阿海（トゥーシャー・バスカク、太師移剌国公）が、阿海没後は次男の綿思哥が統治に当たった（加藤 1999、17 頁）。耶律阿海は華北・満州を支配する金朝から離れてチンギス・カンに従ったという経歴をもち、いわゆる「バルジュナト」という功臣の一人に数えられる。

その後、チンギス・カンの後を継いだウゲデイは、女真人の粘合重山とブカ都帥をブハラとサマルカンドのダルガとした（宮 2018、700 頁）。以上で登場した契丹人も女真人も「漢人」、すなわち華北に住む「漢児言語」というブロークンな漢語を話し、漢字を用いる人々である。マーワラーアンナフルで多数派のムスリムではなく漢人を上級行政職につけるのは「以夷制夷」政策であったと考えられる。

モンケ・カアンが即位すると、モンケ・カアンは帝国直轄の属領を華北（燕京行省）、トルキスタン（ビシュバリク行省）、イラン（アム河行省）の３つに分け、ヤラワチは華北の、その子のマスウード・ベクはトルキスタンの財務長官（サーヒブ・ディーワーニー）に命じられた。

モンケ・カアンは帝国全体で再人口調査をおこない、ブハラでは新規登録された人々がモンケ・カアンの母親ソルコクタニ・ベキ名義でトルイ家、バト名義でジョチ家、そしてチンギス・カンの第１オルドという３つの勢力に分け与えられ

た（川本 2013、185 頁〜 187 頁）。マーワラーアンナフルには
はトルイ家、ジョチ家および第 1 オルドから王侯の代官が送
られたと思われるが、彼らの調整役としてブカ都帥のような
「ダルガたちの長」がいたのであろう。

　1259 年にモンケ・カアンが死去すると、実弟のクビライ
とアリクボコとの間で内乱が起き、マーワラーアンナフル
にはチャガタイ家の軍隊が侵入し、ジョチ家の当主ベルケの
代官たちを殺害したが、ブカ都帥やマスウード・ベクたちは
引き続き統治をつづけたとされる（宮 2018、700 頁）。

　図 3-3 の銅貨に刻印されている不花がブハラのダルガチ
であるブカ都帥を指すとすれば、チャガタイ家派遣軍によっ
て占拠されていたヒジュラ暦 660 年（1262 年）のブハラで
は、カアンや諸王ではなくダルガたちの長の名前で硬貨が発
行されていたことになる。

　不花の刻印のある銅貨が作られたのと同じ時期に、カシュ
ガルではマスウード・ベクの名前が刻まれた銅貨が発行され
ており（ZENO.RU, #32141）、ブカ都帥の名が硬貨に刻印さ
れていることに不自然さはないと思われる。


## ジョチ家当主の称号

　モンゴル帝国直轄領、言い換えると諸王共同所有領では、
皇帝の代理人であるダルガが貨幣発行の任にあたった。クリ

ミアもまたバトの征西の結果えられた領土であり、諸王の共同所有領であってジョチ家単独所有ではなかったと考えられる。

　ところが、1260年代以降、クリミアではジョチ家のタムガや当主、諸王の名前の刻まれた硬貨が発行されるようになった。図3-4はヒジュラ暦665年にクリムで作られた直径21.6～21.8mm、量目1.98gのディルハム銀貨である。左側の面にはジョチ家のタムガと qan al 'adil ／ mngv tymvr ／ qrm（カン・アル・アーディル／マングーティムール／クリム）の文字が見える。

　ジョチ・ウルス発行の硬貨においてジョチ家当主にカンの称号がついているのは、第2代バト（サイン・カン）、第6代モンケテムル、そして第9代トクト以降である。ただし、サイン・カンと書かれた硬貨はバト期に作られたものではなく、またトクトに関しては、サライではスルタン、マージャルではパーディシャー、モフシではベクであり、クリムでのみカンが用いられた。使われる文字も多様で、サライではウイグル文字が、マージャルではパスパ文字が、そしてモフシやクリムではアラビア文字でトクトという名が刻まれた。

　つまり、13世紀のジョチ・ウルスの領域において硬貨に当主の名前が、カンの称号付きで発行されるのはクリムだけなのである。ビザンツ帝国、マムルーク朝、イタリア海洋都市国家などに対して、ジョチ・ウルス君主はカンであること

を示すという、対外的なプロパガンダの道具としてカンの刻印された硬貨を作っていたと考えられる。ただし、国内的にはカンを名乗れなかった。

　モンゴル法上、皇帝やダルガではなく諸王の名やタムガを硬貨に打刻することは違法である。一方、イスラム法では、硬貨に名を刻むことはフトバで名を呼ばれるのと同じく、当地の支配権を確認する行為として合法である。スルタン・バイバルスはベルケの名を硬貨に入れたのだから、国外で先例もあり、ジョチ・ウルスではイスラム法にのっとった形で当主の名やタムガを硬貨に入れるようになったのであろう。


## キングメーカー・ノガイ

　1280年ごろモンケテムルが亡くなると、同腹弟のトデモンケが当主となった。モンケテムルの子ではなく弟が継いだ背景には、ジョチ家左翼のオルダ家当主コニチと、ベッサラビア（いわゆるマルコ・ポーロの『東方見聞録』ではネルギnerghi（ペルシア語で国境を意味する単語に由来））に駐留する諸王ノガイの支持があったからだとされる。

　ノガイはジョチの七男ボアルの孫で、対イルハン朝戦で主将となったが重傷を負い、その後北コーカサスには諸王タマトクタイが出鎮し、ノガイはベッサラビアに移った。ノガイは中東欧に勢力を伸ばしハルィチ・ヴォルィニやブルガリア

などの属国軍を加えてポーランド、リトアニア、ハンガリー、ビザンツ帝国と戦い、ノガイはビザンツ皇帝ミカエル8世パレオロゴスの娘を娶った。セルビアは王子をノガイの下に送り、国内ではノガイのタムガを刻んだ硬貨が作られた。ノガイの勢力圏内にはジェノヴァ人居留地が置かれ、サクチを中心として各地に造幣局が設けられた。

　1287年にノガイは、トデモンケがイスラム神秘主義に傾倒しすぎだとして当主を傍系のトレブカに挿げ替えた。ノガイの勢力はクリミア半島にも拡大した。図3-5はウイグル文字でトレブカとノガイが作ったと刻印された銀貨である。一介の諸王にすぎないはずのノガイの権力の大きさを示すものである。

　その後、ノガイとトレブカは対立し、1291年にモンケテムルの五男トクトがトレブカを暗殺するのに協力し、トクトが当主となった。案の定、ノガイはトクトとも敵対関係に陥り、1299年に一度トクトを破ったが、ノガイ軍の一部がクリミア半島に侵入して略奪をおこない、これに反発したノガイ配下の諸将がトクトに寝返り、また諸王タマトクタイやホラズム総督サルジウタイ駙馬らがトクトを支持し、ノガイは敗死した。

　『東方見聞録』にも詳しく述べられた1299年のトクト・ノガイ戦争の内容を見ると、辺境のタマ軍とクリミア半島の利権の重要性がよくわかる。王家のランクの低い諸王なのでタ

マ軍の司令官にさせられたのだが、結果的に軍を握りつづけてノガイとタマトクタイは有力諸王になっていった。そして1299年の内戦ではトクトを支持したタマトクタイの北コーカサス軍がノガイのベッサラビア軍を圧倒した。本来、対外戦争用の戦力であるタマ軍が内戦用に転じてしまったのである。

　また、ノガイの投下はノガイからクリミア半島のさまざまな利権を与えられており、おそらくダルガを送り込んでいたと考えられる。にもかかわらず、ノガイ軍はクリミアで略奪をおこなった。投下からすれば利権が侵害されたのだからノガイを主君とみなす意味がない。

　ノガイ死後もサクチなどベッサラビアやドナウ河口のドブロジャではジョチ・ウルスによる硬貨発行がつづく。一方、ノガイに服属していた、モンゴル・キプチャク系貴族が支配するブルガリア、モルドバ、ワラキア、トランシルヴァニア、そしてセルビアなど東欧各地はジョチ・ウルスとハンガリー王国とのはざまであることを利用して自治権を拡大し、民族・国家形成が進み、オスマン帝国との抗争期を迎えるのである（Vasary, 2010）。

図 3-1　テムルブカの銀貨（直径 22mm、量目 2.05g、製造年不明）（ZENO.RU, #134542）

図 3-2　「課」入りディルハム銅貨（直径 40.5mm、量目 6.6g、製造年ヒジュラ暦 663 年（1264 年〜 1265 年））（ZENO.RU, #30527）

図 3-3 「不花」入りディルハム銅貨（直径 39.3mm、量目 7.65g、製造年ヒジュラ暦 660 年（1262 年））（ZENO.RU, #15226）

図 3-4 クリム製造モンケテムル・カン銀貨（直径 21.6-21.8mm、量目 1.98g、製造年ヒジュラ暦 665 年）（ZENO.RU, #231040）

図 3-5　クリム製造トレブカ、ノガイとウイグル文字で刻まれた
銀貨（直径 17.3 〜 20.6mm、量目 1.64g、製造年不明）（ZENO.
RU, #32259）

# 第 4 章

# 小額銅貨プル

## 小額銅貨プル

　プル pul とはイスラム圏で発行された銅貨およびその貨幣
単位である（堀 1980）。ジョチ・ウルスではディナール金貨、
ディルハム銀貨、アクチェ銀貨、プル銅貨などといったイス
ラム様式の硬貨が発行され流通していた。ちなみに「1 ディ
ナール = 6 ディルハム」である。

　また、ジョチ・ウルスでおもに使われた重量単位はミスカ
ル miskal で、1 ミスカル = 4.68g であり、6 進法になってい
て、1 ミスカル = 6 ダンギ dangi,（данник。デンガ、テンゲ
などとも書く）であった。

　さらに、ジョチ・ウルスでも政府公認の造幣所に自由に地
金を持ち込み硬貨にかえていたと考えられる（Фёдоров-
Давыдов, 2003）。すなわち、ジョチ・ウルスは貨幣制度と度
量衡単位の面ではイスラム圏に属す。

　ジョチ・ウルスでは首都サライ、旧ヴォルガ・ブルガール
国の中心地ブルガール、北コーカサスのマージャル、バルカ
ンのサクチ、黒海沿岸のスダク（ソルダイア）やタナ（アゾ
フ）、中央アジアのホラズムやスグナクなど、主要な都市で
銀貨や銅貨が発行された。ただし、ルーシでは 14 世紀後半
まで硬貨は製造されなかった。

　13 世紀初めのモンゴル帝国に征服される前のヴォルガ・
ブルガール国で作られたプル銅貨の中には直径 18mm、量目

3.51g すなわち 4 分の 3 ミスカルという厚めのプルがあるが、モンゴル支配期に入ると直径 20mm（一円玉と同じ）あるいはこれより少し短めで半ミスカル（2.34g）のプルが発行され、その後直径は 20mm ほどと変わらないが 3 分の 1 ミスカル（1.56g）のものが現れた（Nyamaa, 2011）。

　一般に、金よりも銀、銀よりも銅の方が固いため打刻するのが難しく、したがって銅貨に刻まれる文字、記号、模様は金貨や銀貨に比べると少なくなる傾向にある。しかしながら、銅貨にもモンゴルの皇帝や諸王の名前あるいはタムガ、製造地、製造年、各種の模様などが打刻されている場合もあり、ジョチ・ウルスの政治、経済、社会を理解する上でかかせない史料である。

　ジョチ・ウルスの貨幣制度はイスラム圏に含まれるが独自性もある。それはすべての硬貨に見られるわけではないが、銅貨に銀貨との交換比率を打刻する点である。中国の銭貨では一文銭（小平銭）を基準として、折二、当三、当五、当十といった大型の銭貨に漢数字が記される場合も若干あるものの、イスラム圏ではきわめてまれである。

　本章で述べるように、ジョチ・ウルスは銀貨と銅貨の公定交換比率を 100 年間維持し続けていた。具体的には、国際的に流通する銀を価値尺度として、銅貨の公定価値を定めていた。

# 欧語文献にあらわれる銅貨

## ⑴　ギョーム・ド・リュブリキ

　ジョチ家は山西南部や甘粛の沙州、中央アジアやイラン（アゼルバイジャン、ホラサーン、マーザンダラーン）など、本来はモンゴル帝国全域に権益を有していたはずだったが、1300年ごろのジョチ・ウルスの版図は現在のカザフスタンからドナウ河口にいたるステップ地帯であるキプチャク草原とこの周辺地域となっていた。ジョチ・ウルスの支配する諸地域のうち、ヴォルガ河中下流域、黒海沿岸、北コーカサス、ホラズが貨幣発行のさかんだったところである。中でも黒海沿岸に含まれるクリミア半島では首邑クリムや南岸の港湾都市で作られた硬貨が現在も多数残っている。

　モンゴル帝国時代の黒海沿岸に関しては、西欧からの来訪者による記録が残されており、こうした記録の中に貨幣に関する記述もある。以下で、銅貨に関する記事を2つ引用する。

　1つ目はフランス人による記録である。1253年にギョーム・ド・リュブリキは、コンスタンティノープルから黒海を海路北上し、クリミア半島の港湾都市の一つであったスダクに着き、スダクから陸路クリミアを縦断しキプチャク草原を東に進んでジョチ家のバト、サルタク親子と会い、その後第4代憲宗モンケ・カアンのいるモンゴル高原に到着した。

ギョームは鈔やヤストク（重さ約 2kg の銀塊。モンゴル語ではスケ、ペルシア語ではバーリシュ、漢語では銀錠という）など 13 世紀中葉のモンゴルの貨幣についていくつかの記録を残しているが、クリミア半島北部の遊牧地帯における貨幣使用について、以下のように述べている。

「彼ら（アラン人。現在のオセット人）が持ってきた肉は、祭日までとって置いた。織物とか他の布とでなければ、金か銀で売ってくれる物は何も見付からなかったし、持っていなかったからである。我らの従者がイペルペラ貨幣を見せると、彼らはそれを指でこすり、鼻に当てて銅かどうか匂いを嗅いだ。食べ物は、とても酸っぱく悪臭のある牛乳の他は何もくれなかった。」（高田編訳 2019、195 頁）

　まず、遊牧民たちは金や銀では何も売ってくれず、綿布が支払手段となっていたことがわかる。次に、ビザンツ帝国発行のヒュペルピュロン金貨を見せると、銅貨ではないとしてギョームからするとまったく価値の見合わない牛乳としか交換してもらえなかったのである。

　モンゴル帝国では広く綿織物が交換手段として使われており、クリミアも例外ではなかったのであろう。また、銅貨であれば受け取ってもらえた可能性があることをギョームは言いたかったと思われる。

## ⑵ 『商業指南』

2つ目はイタリア語の文献である、ペゴロッティの『商業指南』である。14世紀前半のアゾフ海の港町タナの貨幣に関する記述がある。タナにはジェノヴァやヴェネツィアの居留地があり、地域間交易の重要な拠点のひとつとなっていた。

「タナでは銀のソンモ sommo とアスプロが使われ、ソンモは重さ45タナ・サッジョ、1リブラにつき純銀11オンスと17デナロの合金である。タナで銀を造幣局に持って行くと、上述1ソンモにつき202アスプロが造られる。造幣局はそのソンモから202アスプロ造るけれども、そのうち190アスプロだけ返し、造幣局はそれを加工したことと造幣局の稼ぎとして取られ、そのためタナでは1ソンモは190アスプロの価値にしかならない。それらソンモは上述合金の銀塊で、重さで支払われる。その塊はしかし重さはどれも同じというわけではなく、秤の一方に銀塊を載せ、もう一方に与えるあるいは受け取るべき量のソンモを載せ、1ソンモの重さより少なければ、アスプロで（差額が）支払われる。ソンモはそれぞれ、タナ重量で重さ45サッジョでなければならない。タナではまた、全て銅で銀を含まぬ貨幣が使われ、フォッレロ follero と呼ばれ、16フォッレロが1アスプロに値する。それらフォッレロは、商品の支払いには使われず、野菜やその

土地で必要な細々としたものだけである。」（高田編訳 2019、717 頁〜 718 頁）

　タナではまず、ソンモという銀塊が地域間決済手段となっているが、ソンモとはスム、すなわちルーシでいうグリヴナのことである。ちなみに、スムは現在のウズベキスタンやキルギスの、グリヴナはウクライナの通貨単位の語源である。

　このソンモはアスプロ（チュルク語ではアクチェ）銀貨202 枚と重量は等しいが、造幣局にソンモを持ち込むと製造費および利益として 6 パーセント分差し引かれ 190 アスプロを得ることになる。ソンモは秤量貨幣であるから売買のたびに重さを量るが、1 ソンモに満たない場合はアスプロを加え重量を調整することになる。すなわち、アスプロ銀貨はソンモに対する補助貨幣であった。

　フォッレロというのはプル銅貨のことである。「16 フォッレロ＝ 1 アスプロ」であり、銀貨との交換比率はあるが銀貨の代わりに使用することはできない、すなわち、地域間決済手段としては使用されず、地元の市場で野菜を買うのに用いられるという、域内決済手段であったことがわかる。


## プル銅貨に打刻された交換比率

　次に、現存しているプル銅貨に刻まれている銀貨と銅貨の

公定交換比率について見ていきたい。なお、アラビア文字は機械的に対応するローマ字に置き換える。

## (1) クリミア半島

　図4-1はおそらくモンケテムル期（1267年〜1280年）に作られた直径18mm、量目1.80g（2ダンギ）のプル銅貨である。表側には darb / qyrym（= qiram, kirim, крым）（クリム製造）、裏側には

qyrq / seqyz / byr/（yar）maq　（kirk sekiz bir yarmak. 48（は）1ヤルマク（である））

とアラビア文字チュルク語で打刻されている。また両面にジョチ家を表すバトのタムガが描かれている。

　ヤルマクとはディルハム銀貨を指すチュルク語なので、このプル銅貨48枚は1ディルハム銀貨と等しいということになる。すなわち、このプル銅貨の量目は「2ダンギ＝3分の1ミスカル」で、1ヤルマクも重さは3分の1ミスカルなので、重量から見た交換比率は「銅48＝銀1」となる。

## (2) ヴォルガ河下流域

　図4-2はヴォルガ河下流域の水没した町の址で発見されたプル銅貨で、1280年代〜1290年代に作られたものと考え

られている（Nyanaa2011, p.115）。直径は 19mm、量目は 2.4g（半ミスカル）である。このプル銅貨の表側にはウサギが描かれている。ウサギが兎年を表しているとすれば、この銅貨の製造年は 1291 年となる。

　裏側にはアラビア文字チュルク語で

(o) n alty sy / byr dangy（on alti si bir dangi. 16 は 1 ダンギである）

と打刻されている。1 ダンギは 1 ディルハム銀貨の半分の重さであり、量目は「1 ダンギ = 16 分の 1 ミスカル」ということなので、1 アクチェ銀貨に相当する。図 4-2 のプル銅貨 16 枚の重量は 8 ミスカルなので、重量比は「銅 48 = 銀 1」であり、図 4-1 と同じである。

　図 4-3 のプル銅貨（Евстратов, 2004）は短径 15mm、長径 18mm で量目は不明だが図 4-2 に比べるとより小さい。ヒジュラ歴 710 年〜 764 年（西暦 1310 年〜 1364 年）ごろにヴォルガ河下流域の都市で作られたものだと考えられており、表側にはアラビア文字チュルク語で図 4-2 と同じく (o) n alty sy / byr dangy、裏側には、

qtlg bulsun yangy pul（kutlug bulsun yangi pul. 新しいプルに幸あれ）

と書いてある。

　トクトは1309年以降、ウイグル文字やパスパ文字でみずからの名前を刻印した銀貨を発行したり、ヴォルガ河中流域のモフシや北コーカサスのマージャルなどに造幣局を設けたりした。フョードロフ＝ダヴィドフによるとダンギ銀貨は時期が下るほどに減重していく傾向にあり、したがって銀貨も銅貨もその量目は変化し重量比が「銅48＝銀1」でなかったとしても、「銅貨16＝銀貨1」の公定比率は維持された。

　まとめると、内戦を経て1264年に唯一のモンゴル皇帝となった世祖クビライ（セチェン・カアン）に対し、対抗措置を採ったモンケテムルは、ジョチ・ウルスを表すバトのタムガを打刻した貨幣を本格的に発行するようになったが、この時、重量にもとづく銀と銅の公定交換比率は「銅48＝銀1」となり、これにしたがって「プル銅貨16＝ダンギ銀貨1」となった。

　成宗テムルの下でモンゴル全体を巻き込んだ内戦が終息に向かうと、おそらく貨幣発行権がカアンからジョチ家当主に委譲され、幣制については、銀が引き続き価値尺度機能を担い、銅貨は価値章標として「銅貨16＝銀貨1」に固定された。

## 硬貨に打刻される数

　アルミニウム製一円玉と青銅製十円玉を例にとると、青銅貨はアルミ貨の 10 倍の価値があることが一目でわかる。なぜなら一円、十円と極印されているからである。

　本章で見たプル銅貨は 1、16、48 といった数が打刻されており、特異なもので、近代的だとさえ言える。これに対して、ジョチ・ウルスを除くモンゴル帝国の貨幣に他の貨幣との交換比率を明示したものはほとんどなく、額面が明示されるのも鈔と、ほんの一部の政府発行や民間で作られた銅銭だけである。

　ではなぜジョチ・ウルスではプル銅貨に銀貨との交換比率を打刻したのか。もし貨幣の価値がその貨幣に含まれる金属価値あるいは重量に由来するのであれば、こうしたものとして銀貨は存在するのだが、価値を数値化して刻印する必要はない。他方、含まれる金属価値からかい離した価値章標である銅貨には、国家による強制通用力の法的付与が必要とならざるを得ない。すなわち、ジョチ・ウルスは銅地金よりも高い価値で銅貨を流通させる必要があったと考えられる。

　元朝ではクビライ期に「銅銭 200 文＝銀 1 銭」、武宗カイシャン期に「銅銭 100 文＝銀 1 銭」という事実上の公定相場が決められたこともあった（宮澤 2012、43 頁〜 64 頁）。単純に考えると、ジョチ・ウルスにおける「銅 48 ＝銀 1」と

いうのは、銀に対する銅の価値が元朝の4倍ないし2倍と定められていたことになる。元朝から日本や東南アジアへ銅銭が流出したのは周知の事実であり、また、遼代における銅銭のウイグルへの流出問題は知られている（島田2014、118頁〜119頁）。ジョチ・ウルスから元朝に銀を持ち込んで銅銭に替え、この銅銭をジョチ・ウルスに持ち帰って銀に替えると儲かるのであれば、銅銭はジョチ・ウルスへも移出された可能性もある。実際にヴォルガ河下流域で中国銅銭が見つかっている（Фёдоров-Давыдов, 2003）（Пигарев и Ма, 2017）。

　モンゴル帝国の他の地域とジョチ・ウルスの幣制を比較すると次のようになる。まず、モンゴル全体では交易や賜与など地域間決済手段として銀塊が用いられていた。次に、元朝では鈔専一が基本であり、貝貨や塩製通貨が流通する地域もあったものの、金属貨幣の流通は大部分の時期において禁止されていた。他方、イルハン朝のイランであればディナール金貨とディルハム銀貨を併用し、チャガタイ家やウゲデイ家の支配する中央アジアであればディナールもディルハムも銀貨であった。

　なお、イルハン朝の場合、貨幣には君主がカアンの代理人として発行しているという文言が刻印される。イルハン朝では法的には元朝のカアンに貨幣発行権があったことになる。ただし、イルカン朝の君主の名は刻まれるが、カアンの名は示されない。チャガタイ家やウゲデイ家の貨幣の場合はジョ

チ・ウルスと同じく貨幣にカアンを表す文言や印が見られない。

　ジョチ・ウルスは中央アジアとよく似ており、金貨の発行はまれで、銀貨と銅貨が鍛造されるが、中央アジアと異なるのは、大型のディナール銀貨はなく、ディルハムより軽量のアクチェ銀貨やプル銅貨が主要な貨幣だという点である。物価水準が等しかったと仮定すると、ジョチ・ウルス領内の方が中央アジアより小額貨幣に対する需要が大きかったことになる。

　また、次のように考えることもできるだろう。14世紀前半の中央アジアでは貨幣需要に足りる銀があったことからディルハムだけでなくディナールも銀貨として発行することができた。同時期のイランでは伝統的に徴税用とされる金貨を作り、市場流通用の銀貨や銅貨も鍛造した。これらに対し、ジョチ・ウルスでは銀も金も足りなかったので、域外に流出しづらい小額銅貨を発行することで貨幣需要を満たそうとした。

　貨幣の発展の方向というのは、貨幣の額面と貨幣の素材の価値とが徐々に乖離していくというものだが（井上 2009、31頁）、ジョチ・ウルスにおける銀貨と銅貨の交換比率の変遷をみると、こうした方向を示す典型例だと言えるのである。

図 4-1　クリミアのプル銅貨（ZENO.RU, #93854）

図 4-2　ヴォルガ下流域のプル銅貨（Nyanaa, 2011, p.115）

図4-3　新プル銅貨（Евстратов, 2004）

# 第 5 章

# トクトの
# 幣制改革

## モルドヴィン人

　ジョチ・ウルス当主トクトは、1299年にノガイを討ち、その直後、異母兄弟やノガイの子ら諸王の起こした反乱を鎮め、国内を統一した。1302年にイルハン朝に使者を送り、1304年と1308年に元朝からの使節団を迎え入れた。こうして1260年の世祖クビライ・カアンの自立以降つづいたモンゴル帝国の内戦が終わった。歴史家はモンゴルの東西和合をパクス・タタリカ、あるいはパクス・モンゴリカと呼んでいる。

　ヒジュラ暦709年（1309年）からジョチ・ウルスでは、北コーカサスのマージャルや、ヴォルガ河中流域の現モルドヴィア共和国モフシ（旧チェムニカフ）といった、それまで硬貨が作られていなかった都市でも発行されるようになった。

　また、トクト期から、新プルyangi pulと呼ばれる、これまでよりも軽いプル銅貨が発行されるようになり、銅貨の金属価値と額面がますます乖離していった。

　トクト治下のヒジュラ暦709年の造幣局の増設と新プルの発行を、トクトの幣制改革と呼ぶ。北コーカサスやモルダヴィアの分地分民が正式にジョチ家のものとして帝国全体から認められたから、ジョチ家のタムガやトクトの名前が入った硬貨が作られるようになったと考えられる。

モフシで貨幣が発行されたのはヒジュラ暦709年〜770年ごろ（1309年〜1369年ごろ）の約60年間である。トクト（在位690年〜712年）から始まり、ウズベク（在位712年〜741年。トクトの甥）、ジャニベク（在位741年〜758年。ウズベクの子）、キルディベク（在位762年〜763年。ジャニベクの子と自称）、ミール・プラド（在位768年。シバン裔）、そしてタガイベク（万人長）の名が刻まれた貨幣が残っている（Лебедев, 2014）。

　現在、モフシがあるモルドヴィア共和国の人口の4割がモルドヴィン人で、2010年の国勢調査によるとロシア国内にはモルドヴィン人が74万人ほどいる。1991年のソ連解体以降、モルドヴィン人は急減している。

　モルドヴィン人はモクシャ人（自称モクシェト мокшет）とエルジャ эрзя の2つの集団からなり、モクシャ語とエルジャ語は両方ウラル語族に属するが、方言とは言えないほど両者には隔たりがある。ソ連時代に別の言語を母語とする2つの集団を1つの民族にしてしまったのである。ちなみにエルジャ語の方がモクシャ語よりも通用域は広い（田中・ハールマン 1985、162頁〜163頁）（護・岡田編著 1990）。

　モクシェトとエルジャという2つの集団が1つのかたまりだと見なされたのは、モンゴル帝国時代に万人隊が作られたからだと考えられる。

## モンゴルによるモクシェト征服

　13世紀初頭、モクシェトはルーシ諸公およびキプチャク族と同盟し、エルジャは最北のイスラム教国ヴォルガ・ブルガールからの支援を得て対立するという構図であったが、モンゴル侵攻直前の1230年にモクシェトがエルジャを従えたようである（Юрченков, 2007, c.97-98）。

　『集史』を参考にまとめると、1236年にバト率いるモンゴル軍のキプチャク草原征服戦、いわゆる「バトの征西」が始まり、1237年にモクシェト、ブルタス、エルジャ連合軍はモンゴル軍に敗退し降伏した。その後、バトの命令によりモクシェト首長プレシはモクシェト、ブルタス、エルジャから成る部隊を率いて、東欧侵攻作戦に加わることとなった。

　1241年初めにモンゴル軍はキエフを陥落させ、その後カルパチア山脈を通ってポーランドに侵攻した。ジョチ家のオルダ、チャガタイ家のバイダル、ウゲデイ家のイェケ・カダアンの3人の諸王に率いられたモンゴル軍先鋒はウラジミル・ヴォリンスキーから行軍を開始し、最初にルブリンを攻略し、1241年2月に凍ったヴィスワ河を渡ってクラクフ公ウラジミルの守るサンドミルを陥落させた。

　モンゴル軍はサンドミルから複数の軍団に分かれ、バト率いる本隊はカルパチア山脈のベレッケ峠からハンガリー平原に進撃し、バイダルが率いる支隊はサンドミルからポーラン

ド南部に侵攻した。

1241年3月にバイダル隊はフミェルニクの戦いでウラジ
ミル率いるクラクフとサンドミルの連合軍を破り、ウラジミ
ルは戦死した。その後クラクフはモンゴル軍によって包囲さ
れ焼き払われた。プレシの部隊はサンドミルおよびクラクフ
包囲戦で甚大な損害を被ったとされる（Юрченков, 2007,
c.116）。したがって、プレシの部隊はバイダル隊に配属され
たと考えられる。

バイダル隊はポーランド南部および西部を蹂躙し、ヴロツ
ワフでオルダ隊と合流したが、ヴロツワフを包囲せずポーラ
ンド大公ヘンリク2世の軍勢がボヘミア軍と合流するのを阻
もうとレグニツァへ向かった。

4月9日にオルダとバイダルの連合軍はレグニツァ近郊で
ヘンリク2世率いるポーランド・ドイツ連合軍に勝利しヘン
リク2世は戦死した（レグニツァの戦い、あるいはワール
シュタットの戦い）。このレグニツァの戦いでモクシャ首長
プレシは戦死したと伝えられている（Юрченков, 2007,
c.116）。


## モンゴル支配下のモクシェト

モンゴルに征服されたモクシェトとエルジャは、東欧遠征
に駆り出されたことでモンゴル式の軍団に再編された。最初

チャガタイ家に属していたモクシェトとエルジャは結果的に
ジョチ・ウルスの民になったと思われる。
　ギョーム・ド・リュブリキの旅行記には、1250年代のモ
クシェトとエルジャについて以下のような記録がある。

「タナイス（ドン）河の向こうの地域は、川と森があってと
ても美しい。北には巨大な森があり、2種類の人びとが住ん
でいる。一つはモクセル（モクシェト）で、つまり法なき者
たちで、全くの異教徒である。町は持たず、森の中に小屋を
持つ。その君主と彼らの大部分はアレマンニア（ドイツ）で
殺された。タルタル人（モンゴル人）は彼らをアレマンニア
の入口まで連れて行ったのだが、彼らはタルタル人への隷属
から解放されることを期待して、アレマン人（ドイツ人）を
とても称えている。商人が彼らのところに来ると、それが最
初に留まる家の者は、彼らが留まろうとする間ずっとその世
話を見なければならない。誰かが他人の妻と寝ても、その亭
主は自分の目で見ぬ限り気に止めない。だから彼らは嫉妬深
くない。豚、蜂蜜と蝋、高価な毛皮と鷹がいっぱいある。そ
の向こうに、メルダス（エルジャ）と呼ばれる者たちがい
る。ラテン人はメルディニスと呼び、サラセン（ムスリム）
である。」（高田編訳 2019、200頁）

　北方に広がる、比較的雨は多いが、寒冷でやせた土地に住

むモクシェトは、森で豚を飼いながら狩猟・採集をし、焼畑農耕もおこなっていたのだろう。蜂蜜と蜜蝋は輸出品で、毛皮と鷹をモンゴルに貢納していたと思われる。

　モンゴル語では「北」と「向こう」は同じ単語で（村岡 2020）（中村 2022）、ギョームが西から東に移動しているにもかかわらず、ドン河の向こうとは、ドン河の北方を意味する。ギョームにモクシェトの情報を与えたのはモンゴル語話者であろう。モンゴル語話者の情報提供者は、モクシェトの物産に詳しく、モクシェトを頻繁に往来するオルトク（政商。御用商人）あるいは徴税官、もしくはこれらの兼任者だったのかもしれない。

　上述したように、バトの征西でチャガタイ家のバイダル隊の先鋒とされたモクシェト、ブルタス、エルジャが、ドイツ人と戦った。首長プレシが戦死したのだから、モクシェトの部隊そのものも大きな被害を受けたと考えられる。モクシェトがドイツ人を尊敬しているという話を、西欧側では好んで書き記している。

　モクシェトの居住地はヴォルガ河の支流オカ河に流れ込むモクシャ河流域に位置し、これらの河川はジョチ・ウルスの首都サライと北東ルーシのノヴゴロドを結ぶ一大国際商業ルートであった。このルート上にあるのがモスクワ、ニジニノヴゴロド（旧ゴーリキー）、カザンなどのロシア有数の大都市である。なお、ニジニノヴゴロドはエルジャの塞オブラ

ン・オシを出発点とする。エルジャの居住地域とモクシェト
の勢力範囲は現在のモルドヴィアより北方も含む広大な地域
だった。

　モンゴル帝国は統治対象を河川の流域（モンゴル語でチョ
ルゲ、漢語で路）ごとに把握しこれを制度化していた（川本
2013、151 頁〜 152 頁）。例えば、『元朝秘史』にはモンゴル
高原の北、シベリアに住む「森の民」が列挙されているが、
これらの集団名称は「河川名＋複数語尾あるいは人を表す接
尾辞」からなる場合が多い。例えば、カンガス（カン河＋
ス）、ウルスト（ウルス河＋ト）、トカス（トファ河＋ス）な
どである（安木 2020）。モクシェトとはモクシャ河の住民の
意であろう。また、エルジャはモクシェト首長に率いられた
ことでモクシェトの一部としてモンゴル帝国の統治体制に組
み入れられたと考えられる。


## トクトの硬貨と称号

　ヒジュラ暦 709 年（1309 年）から、アラビア文字でモフ
シ mkhshy と刻まれた銀貨や銅貨が発行されるようになっ
た。この貨幣はモフシ Mokhshi あるいはトメン（チュメン）
という都市で発行された。モフシとはモクシャ河とモクシェ
ト人のことであり、トメンとはモンゴル語・チュルク語で万
を意味する（ロシア語であればティマ）。モンゴル帝国の民

は十人隊（ハルバン）、百人隊（ジャウン）、千人隊（ミンガン）という十進法にもとづく集団として把握され、万人隊（トメン）は 3,000 人以上の兵を出す単位だった。

　すなわち、モクシャ河流域に都市ができ、この都市はモフシと呼ばれ、またモフシが万人隊であったことを意味する。モクシェト万人隊の中心地がモフシあるいは万と呼ばれたのであろう。このモフシは旧チェムニカフ（万の町の意）で、現在のチェムニカフは 16 世紀にイワン 4 世の生母・摂政のエレーナ・グリンスカヤにより建設され、モルダヴィア共和国最古の町として現存している。

　トクトの貨幣を見てみよう。図 5-1 の銀貨に刻まれているアラビア文字とインド数字を機械的にラテン文字とアラビア数字に置き換えると、

tvqtv bk / al ʾadl zrb / mkhshy 709

となり、意味は「トクト、公正な君主、モフシ製造、ヒジュラ暦 709 年」となる。

　まずトクトの表記であるが、tv と長母音で表しており、外来語（この場合はモンゴル語）の母音は長母音で表記する例が多いため、「トゥクトゥ」、あるいは v をオと書くと「トクト」とカナ表記することになる。ジョチ・ウルスについて書かれた外部の文書ではトクタ tuqta やトクタイ tuqtay と

表記されるが、ジョチ・ウルスの発行した貨幣にはトクトと書かれる。

次に、ベク・アル・アーディル（公正な君主）という称号についてであるが、カンではなくベク（君主）を使っている。同時期に北コーカサスのマージャルで発行された銀貨にはパーディシャー・アル・アーディルの称号が用いられている。ベク（君主）とパーディシャー（大王）は同じ意味で、カンとは異なると考えると、トクトはカンの使用を避けていたことになる。

トクト以降の当主は、ウズベク、ジャニベク、ベルティベクなど、「ベク」が付くが、トクトもトクトベクと呼ばれていたことがモフシの銀貨からわかる。


## 非モンゴル人の地位向上

旧ソ連は形式的には15の民族共和国の同盟であり、またそれぞれの共和国自体が多民族から成っていた。旧ソ連地域に住む人々はソビエト政府によって所属する民族が決められたのであるが、こうした民族名称の中にはモンゴル帝国時代に登場したものもある。

例えば、ブリヤートは『元朝秘史』が初出であり、ウズベクやカザフといった集団名もジョチ・ウルスの分裂の中で形成された。東スラブがロシア、ウクライナ、ベラルーシに分

かれていくのはモンゴル帝国期より前からだが、ジョチ・ウルスの分裂が深まる 14 世紀の後半にはロシアとウクライナは政治的に分かれてしまい別々の民族になっていく。

こうした旧ソ連の諸民族の中でも興味深い存在のひとつがモルドヴィン人である。少なくともトクト期には出来上がっていたモフシの万人隊はモクシェトとエルジャからなり、エルジャの方が人口が多いものの、モクシェトのプレシが全体の長となって以降、おそらくプレシの一族が万人長を継承したことでモフシの名で全体が呼ばれるようになったのだと思われる。

バトの征西の結果、モンゴル帝国はキプチャク草原とその隣接地域であるバシコルトスタン、クリミア、北コーカサス、ヴォルガ・ブルガール、ルーシ、モルドバ、ワラキアを版図に加え、ジョージア、第 2 次ブルガリア帝国、スラヴォニア（クロアチア）を属国とした。新版図はモンゴル諸王の共同統治領だった（前田 1973、197 頁。川本 2013、103 頁〜105 頁）。

その後、バトが憲宗モンケ・カアンの即位を全面的に助けたことで、モンゴル帝国の西半分ではジョチ家が絶大な影響力を持つにいたった。ヴォルガ河中流域の旧ヴォルガ・ブルガール国や北コーカサスのデルベントなどには、モンケ・カアンをはじめとするトルイ家の分地もあったが、チャガタイ家やウゲデイ家の分地があったかどうか定かではない。

ギョーム・ド・リュブリキによれば、チャガタイ家の諸王ブリは自身の牧地がキプチャクにないと不満を漏らしたことでバトに処刑された。

1260年〜1264年にモンケ・カアンの後継を巡ってアリクボコとクビライとの間で内戦が起き、モンゴル帝国西部ではジョチ家のベルケとトルイ家のフレグが対立し、また中央アジア・マーワラーアンナフルの権益をめぐって諸王間の争いが激しくなった。結果的に、マーワラーアンナフルの権益はチャガタイ家が3分の2、ウゲデイ家とジョチ家が3分の1を取ることになった（川本2013、188頁〜189頁）。

ジョチ家では1280年にモンケテムルが死去して以降、当主の継承をめぐってしばしば混乱があったが、1299年にモンケテムルの子トクトが諸王ノガイを討伐して再統一された。また、1301年にカイドゥが死去し、1308年に武宗カイシャンの下でモンゴル帝国の内乱は終わった。

トクトは1309年から北コーカサスのマージャルやヴォルガ河中流域のモフシで貨幣発行を始めた。おそらくこうした帝国直轄領がジョチ家の領土だと正式に帝国全体で認められ、またカアンが専有していた貨幣発行権がジョチ家当主に譲り渡されたと考えられる。

これまでもなし崩し的に各地で硬貨は作られ、そうした貨幣の多くにジョチ家のタムガや当主・諸王の名が刻まれていたが、カイシャン即位以前には作っていなかった都市でも貨

幣発行ができるようになった。そのかわりカイシャンをモンゴル帝国全体の元首として認めたことで、トクトはクリム以外ではカンとは名乗らず、ベクやパーディシャーという称号を使った。すなわち、モンゴル帝国期にカアンとカンには意味上の違いがほとんどなかったものと思われる。

　「パクス・タタリカ」の下で新たに造幣が認められたのは、北コーカサスのアスト（家入訳 1966）（赤坂 2010）のマージャルと、モクシェトのモフシであった。貨幣発行権の付与は、ジョチ・ウルスにおけるアストとモクシェトという、非モンゴルの地位向上を示すものでもあっただろう。

### 図 5-1　モフシ発行トクトのディルハム銀貨（量目 1.51g、長径 21.3mm、短径 19.4mm）（ZENO.RU, #23797）

注）ジョチ・ウルスの他の地域で多く見られるアクチェ銀貨の 2 倍の量目があり、額面 1 ディルハム、すなわちアクチェの 2 倍の価値がある銀貨だと考えられる。形式も量目も旧ヴォルガ・ブルガール国の都市で作られた銀貨の影響を受けている。

第 6 章

# ジョチ・ウルスの
# 分裂と拡大

## 拡大するジョチ・ウルス

1359年に第13代当主ベルティベクが暗殺されると、当主の座をめぐってジョチ・ウルスでは混乱が続き、バト裔の諸王が消えていき、ジョチの五男シバンと十三男で末子トカテムルの子孫を君主とする数多くの勢力に分裂していった。

また、キヤト部族のママイやマングト部族のエディギュといったジョチの男系子孫ではない者が権力を握り、加えてリトアニア、モルドバ、ワラキア、モスクワ、トヴェリなど服属国が自立傾向を深めた。

ロシア史家の多くは14世紀後半以降のジョチ・ウルスの分裂を衰退と同一視するが、ジョチ裔政権そのものは領域を拡大していく。15世紀になると、諸王がヴォルガ河下流域の遊牧本領から逃れてシビル、カザン、アストラハン、カシモフ、クリムなどの国を建てていく。中でもキプチャク草原東部で形成された遊牧ウズベクは南下してティムール朝を圧迫し、最終的にはオアシス地帯を占領した。チャガタイ家の遊牧地だったセミレチエはウズベクから分かれたカザフの本拠地になった。

モンゴル系の君主をいただくワラキアやモルドバではルーマニアおよびルーマニア人を形作られ、17世紀の君主にはトカテムル裔のカンテミールが就くなど、オスマン帝国とハンガリーのはざまで、クリム国やウクライナ・コサックと

いった東の牧民勢力と密接に関係しながら民族国家形成が進むのである。

## 中東の奪還

1335 年にイルハン朝では君主アブー・サーイードが亡くなると後継を巡って国内が四分五裂した。好機到来と見たウズベクは軍を南下させたが、イルハン朝の君主となったアルパ・ケウン率いる軍に前衛部隊が敗れ全軍退却となった。

ケウンは皇子という意味なのだが、このアルパ皇子はイラン出身ではなくアルタイ生まれであり、しかもフレグ裔ではなくアリクボコの子孫で、アブー・サーイードに男子がいなかったので後継者として連れてこられた人物だった。アルパ・ケウンは間もなく殺害され、その後もさまざまな諸王や公主が有力部族によって擁立されたが、イランを統合する勢力は現れなかった。

1341 年にウズベクの後を継いだジャニベクは、1355 年にコーカサスを越えてアゼルバイジャンを攻略しバグダッドまで占領し、タブリーズには息子のベルティベクを置いて北に帰った。ジョチ・ウルスは 100 年ぶりに中東を取り戻したのである。図 6-1 はバグダッドで作られたジャニベクの硬貨である。

ところが、帰ってすぐジャニベクは亡くなり、後継者にな

るためベルティベクは中東の占領地を放棄して戻ってしまった。

　その後、ジョチ家の軍がふたたびアゼルバイジャンに現れるのは、スルタン・トクタミシュの統治期である。


## トクタミシュの再統一

　ジョチ・ウルスは元来イルティシュ河流域を遊牧本領とする左翼オルダ・ウルスと、ヴォルガ河流域にいる右翼バト・ウルスの二極体制だったが、この体制は徐々に崩れていった。14世紀に入るとユーラシアの広域が寒冷化し、遊牧地を変えざるをえなかったと考えられる。右翼ではウズベク期末あるいは死後に首都がサライよりも北にさかのぼった新サライに移転した。また、イブン・バットゥータがウズベクと会った時、夏営地は北コーカサスのマージャル周辺に移っていた。つまり右翼の遊牧本領は全体として南に移ったのである。同様に、左翼でも遊牧地がシル河流域に南下し、シル河流域の都市の重要性が高まることになった。

　ウズベク期に左翼では後継者争いからオルダ家が没落し、ジョチ家の末子にあたるトカテムル裔の諸王が権力を握るようになった。一方、右翼では1359年にベルティベクが暗殺されると、バト家出身の諸王はアブドラを最後に見られなくなり、代わりにシバン裔が当主の座に就くようになる。

こうした混乱期に、右翼ではキヤト部族のママイが権力を握り、ホラズムではコンギラト部族のスーフィ朝が自立し、また、リトアニアやモスクワ、モルドバなどが勢力を拡大するようになった。

　先に再統一されたのは左翼の方で、1370年ごろトカテムル裔のオロスがスグナクを中心に権力を握った。ヒジュラ暦774年にオロスはスグナクでディルハム銀貨を発行している（Nyamaa, 2005, p.209）。その後、オロスと同じくトカテムル裔であるトクタミシュやマングト部族のエディギュらがオロス陣営から脱出し、バルラス部族のティムールの下に亡命した。ティムールはチャガタイ家の千人長の家系に属していたが、おそらくそれゆえ傀儡のカンにウゲデイ家の諸王をつけたり、自身の息子たちにジョチ家の公主を娶せたりと、チャガタイ家以外の諸王を厚遇し、トクタミシュに対する支援も惜しまなかった。

　ティムールを味方に付けたトクタミシュは、1378年にオロスの子を破って左翼を手に入れ、1380年にはママイと戦い、敗れたママイはクリミアに逃げ込んで殺された。1380年にママイに勝ったモスクワに対して、トクタミシュは圧力をかけ、モスクワはトクタミシュに下った。リトアニアもスーフィ朝もトクタミシュに従った。こうしてトクタミシュは久しぶりにジョチ・ウルス全土を統一したのである。

## 貨幣制度の復興

　モンゴル帝国全体が解体期に入った 1363 年にヴォルガ河下流域のグリスタン、別名アクサライで大型銅貨が作られた（Nyamaa, 2011, #105）。1 ミスカル、実測値 4.4g の銅貨はこれまでのジョチ・ウルスで発行されたプル銅貨には見られない大型のものである。また、**図 6-2** のようにアゾフでは 3.265g の銅貨が発行されている。

　「16 プル銅貨 = 1 ダンギ銀貨」という銀貨と銅貨の公定交換比率は重量比では「銅 48 = 銀 1」であるが、量目 2 分の 1 ミスカル（2.34g）であるはずのプル銅貨の実測値は 0.8g 〜 1.7g 程度で、プル銅貨はその金属価値から乖離した価値章標であった。

　ジョチ・ウルスの混乱により、国家に対する信認が失われ、軽い銅貨の受け取りが拒否されたことで、重いプルを作らざるを得なくなったのであろう。

　トクタミシュが再統一を果たすと、ふたたび 16 は 1 ダンギであるという文言が打刻された軽い銅貨が発行された（ZENO.RU, #228862）。「16 プル = 1 ダンギ」という交換比率を守ることは、ジョチ・ウルス当主の正統性を示すことだったのである。

## 中興の失敗

　1385年にトクタミシュはティムール支配下のアゼルバイジャンに侵攻した（川口 1997）。恩人ティムールを裏切ることをあえてしたのは、トクタミシュ自身の性格ではなく、ジョチ・ウルスにとってアゼルバイジャンの確保が必須だったからである。結果的にトクタミシュはティムールに敗北しリトアニアに逃げ込んだ。ジョチ・ウルスに攻め込んだティムールは新サライを徹底的に破壊したと言われるが、その後も1502年まで新サライはヴォルガ河下流域の中心地として残る。

　1399年にトクタミシュはリトアニアと教会騎士団の軍を加えて、ティムールの支援を受けて権力を握ったマングト部族のエディギュと諸王ティムール・クトルグと戦い、トクタミシュは敗北した。その後シベリアで隠遁生活をしていたが、エディギュの子に殺害され波乱の生涯を閉じた。

　こうしてジョチ・ウルスの統一は失われ、新サライを拠点とする大オルダと、カザン、アストラハン、シビル、クリム、ノガイ・オルダ、チェルケス（カバルド）、リトアニア、モルドバ、ワラキア、トランシルヴァニア、モスクワ、トヴェリ、ノヴゴロドなどのジョチ裔政権および服属国が時には同盟し時には対立するという緩やかな連合体を形成した。

## 黒海とバルト海を結ぶ商業路の変化

　ジョチ・ウルス前期の経済の中心がサライだったのは、政治の中心であると同時に、東西南北の交易路の結節点だったからである。東はホラズム、南はデルベント、西はタナやクリム、そして北に向かうとブルガールとつながっているのが新旧サライである。

　黒海北岸とバルト海東岸はドン河とヴォルガ河によって結ばれ、その後、カザン、ニジニノヴゴロド、モスクワなどの都市が発展していく。これに対してドニエプル河とキエフは主要幹線から外れてしまう。

　ジョチ・ウルスの混乱によりヴォルガ河流域の治安も悪化したようだが、商業上の重要性に変わりはなかったと考えられる。この従来の幹線に加え、ドニエストル河やプルート河流域、すなわちベッサラビアからガリチア、ポーランドを結ぶ商業路の重要性が増していった。この新しい幹線沿いにモルドバとポーランド・リトアニア合同が成長し、塩やコムギの西欧向け輸出で栄え、西欧ともロシアとも異なる東欧が形成されていく。


## ジョチ・ウルスの後継者クリム国

　1441年ごろ、トカテムル裔のハジ・ギレイは、クリミア

にいたケレイト部族とリトアニアの助けを借りて、途中から
オスマン帝国に服属していたものの、1783年にエカチェリー
ナ2世に滅ぼされるまで続く政権クリム国を樹立した。

　クリム国は、クリミア半島の中央部に首都バフチサライを
置き、クリミア・ゴート人の自治領やジェノヴァの居留地を
内包しつつ、ウクライナ・コサックや北コーカサスの遊牧民
に影響を及ぼしていた。

　クリム国では首都バフチサライなどで硬貨が発行され、ま
た、カッファなどでジェノヴァの聖ジョルジュ銀行がクリム
国のタムガを入れた硬貨を作っていた。規模は随分と小さく
なったが、クリム国は北の遊牧民、中央部の農耕民、南の海
洋商業勢力の集合体というジョチ・ウルスの基本構造を引き
継いでいた。

　ポーランド、イタリア、トルコ、ロシアと密接なかかわり
をもったクリム国については、貨幣だけでなく多くの文献史
料が残されている。ジョチ・ウルスのミニチュアという観点
でクリム国を見返したとき、ジョチ・ウルスの構造について
いっそう理解を深めることができるだろう。

図6-1　国立エルミタージュ所蔵ジャニベク・カンのディナール
金貨（製造地バグダッド、直径20mm、量目2.47g、製造年ヒ
ジュラ暦758年）（ZENO.RU, #9753）

図6-2　ジョチ・ウルス大型銅貨（アゾフ製造、直径18.9 ～
20.4mm、量目3.265g、製造年ヒジュラ暦764年）（ZENO.RU,
#231328）

第 **7** 章

# キエフの偽造銀貨

# リトアニア大公国の成立とジョチ・ウルス

　ジョチ・ウルスは 13 世紀以降、ルーシを属領としていたが、先行研究ではジョチ・ウルスの硬貨はルーシではあまり流通しなかったとされている。しかしながら、デンガ денга（銀貨の名称。現在の貨幣一般を表す名詞 деньги の語源）、プロ пуло（銅貨）、アルティン алтын（銅貨）、コペイカ копейка（銀貨。現在はルーブルの百分の一の呼称）（Орлов и Борисенко, 2007）など、貨幣に関する用語がチュルク語からの借用語で占められており、ジョチ・ウルス支配期に、ジョチ・ウルスの幣制の影響を受けてルーシの幣制が形成されたと考えられる。

　ここではルーシの西半分を支配したリトアニア大公国とジョチ・ウルスの関係を貨幣から見てみたい。

　バルト海東岸にはエストニア、ラトヴィア、リトアニアの3 つの独立国があるが、13 世紀にはドイツ騎士修道会やデンマークなど西欧カトリック勢力の支配下に置かれ、原住民のカトリックへの改宗と奴隷化、ドイツ人の入植がおこなわれた（山内 1997）。こうした中、リトアニア人だけが民族国家形成をなしとげた。

　リトアニア軍には歩兵や弩兵がいたとされるが、主力はモンゴル式の軽騎兵だった。リトアニアにはジョチ・ウルスから馬が供給され、軍事顧問団も派遣されていたと考えられ

る。強力な騎兵が編成できたこともあり、リトアニアは周辺諸国から独立を守っただけでなく、ポーランドと連合して、中世の欧州最大の版図をもつ国家に成長した。

　中世の国家の場合、一般的であるが、リトアニアも分権的であり、軍事・外交において統一的な動きが取れていたわけではなかった。1253 年にリトアニア首長のミンダウガスはローマ教皇インノケンティウス 4 世により王に任じられた。そのかわりカトリックに改宗し、ドイツ人商人や農民の移住を認め、ドイツ騎士修道会との関係強化を目指した。こうした親カトリック政策に抵抗する勢力もあり、1260 年にリトアニア諸侯の軍は修道会軍を破った。おそらく 1262 年にミンダウガスは棄教し、ウラジミル大公アレクサンドル・ネフスキーと同盟を結んだ（エイディンタス他 2018）。

　インノケンティウス 4 世はリトアニアだけでなく、同じく1253 年にハルィチ・ヴォルィニ大公ダニールにも王位を授け、ジョチ・ウルスの侵攻に備えようとしたが、ダニールはブルンダイ率いるジョチ・ウルス軍に攻められ降伏した。また、ミンダウガスはジョチ・ウルスに服属するアレクサンドル・ネフスキーを通じて、ジョチ・ウルスとの関係を強める意図を持っていたと考えられる。インノケンティウス 4 世による、リトアニアとハルィチ・ヴォルィニを使ったジョチ・ウルス抑え込み政策は破綻した。

　1263 年にミンダウガスが暗殺されて以降も、リトアニア

はドイツ騎士修道会、ハルィチ・ヴォルィニ大公国、ポーランド、ルーシ諸公など周辺諸勢力との絶えざる抗争の中におかれた。リトアニアとハルィチ・ヴォルィニは、ジョチ・ウルスと西欧カトリック勢力の緩衝地として機能していた。

　14世紀に入りハルィチ・ヴォルィニで大公家が絶えると統一が失われ、リトアニアが勢力を拡大していき、現在のベラルーシに加え、キエフ、スモレンスク、ブリャンスク、クルスクなど広大な地域がリトアニア領となった。ジョチ・ウルスはハルィチ・ヴォルィニ大公からではなくリトアニアから貢納を受け取るようになった。リトアニアはジョチ・ウルスにとって重要な属国になったのである。


## ルーシの偽造銀貨

　至正8年（1348年）に浙江で方国珍が反乱を起こすと、元朝は徐々に江南を治めることができなくなり、政治的・経済的混乱が激しくなっていった。1350年代に入ると、ユーラシア全域で銀不足が露わとなった。東方から西方への銀の移動が滞るようになったからだと考えられる（黒田2020）。

　ジョチ・ウルスでは、1359年に当主ベルティベクが暗殺されて以降、当主が頻繁に交代する中、諸王ではなく、チェルケスやママイのような万人長や、公主の名を刻んだ硬貨が作られた。貨幣発行権がジョチ家当主の専有ではなくなって

きたのである。

　ジョチ・ウルスの属領であるルーシでは、グリヴナと呼ばれる量目約160gおよび200gの棒状の銀塊、ジョチ・ウルスやベーメン（チェコ）の銀貨、貝貨、綿布などが貨幣として使われていた。すなわち、ルーシでは独自硬貨は発行されておらず、この期間は「無硬貨期」と呼ばれている。

　1360年代に入ると、元朝およびジョチ・ウルスにおける政治的混乱により、ルーシへの銀および貝貨の流入量が減ったと考えられる。

　リトアニア大公国治下のキエフで1362年頃から銀貨の製造が開始された。これを皮切りにルーシ各地で独自硬貨の発行がおこなわれるようになった。独自硬貨にはデンガ銀貨денгаとプロ銅貨пулоの2種類があり、それぞれジョチ・ウルスのアクチェ銀貨（チュルク語でテンゲ）とプル銅貨の名称を借用したものである。

　ルーシの独自硬貨の製造は、ジョチ・ウルス銀貨の偽造から始まった。例えば、トゥーラTулаでは一方の面にはウズベクの硬貨、もう一方の面にはジャニベクの硬貨を模した文字や模様の刻印された銀貨が見つかっている（図7-1）。また、クルスクではトクタミシュの銀貨を偽造したものが発見されている（ZENO.RU, #25076）。こうした偽造銀貨に刻まれているアラビア文字は判読可能なものが多い。

　これに対して、キエフで作られたと考えられている偽造貨

幣には、アラビア文字のようなものが刻まれているが、でたらめなものである（図7-2）。

　トゥーラやクルスクなどで見つかる偽造銀貨を作った製造人はアラビア文字が読めたか、あるいは打刻用の器具をジョチ・ウルスから手に入れたのかもしれない。おそらくジョチ・ウルスの硬貨製造人が移住したのだろう。

　一方、キエフの銀貨は現地の金銀細工師がみようみまねで偽造したものだと思われる。突然ジョチ・ウルスから銀が入ってこなくなったので、地元の市場で銀貨需要を満たすために急ごしらえで作られたものだと考えられる。

　もしジョチ・ウルスから正式に硬貨発行が認められたのであれば、トクタミシュに服属したモスクワのように、ジョチ・ウルス当主に言及した合法的な銀貨が作られたであろう。この場合、造幣局にはバスカク（代官）が派遣され、アラビア語の文言や模様など、硬貨の様式に関する指導が入ったはずである。

　14世紀後半にアラビア文字あるいはこれに似せたものが刻印された偽造銀貨が作られたことは、ルーシでは以前からジョチ・ウルス銀貨が流通しており、地元市場ではジョチ・ウルス銀貨が信認を得ていたことを示している。

　ルーシの人びとはアラビア文字が読めなかったはずだが、アラビア文字やそれらしい何かが刻印されていれば、従来から流通していたジョチ・ウルス硬貨と同じように取り扱った

のだと思われる。概して、トクタミシュ期までのジョチ・ウルス銀貨の銀含有率は96.5パーセントと高く良貨である。

　フョドロフ・ダヴィドフは、ルーシではジョチ・ウルス硬貨はあまり流通しなかったと述べているが（Фёдоров-Давыдов, 1985）、現存する偽造銀貨から、ルーシの市場ではジョチ・ウルス銀貨が好まれていたと言えるだろう。

図 7-1　2種類の銀貨から意匠をもってきた偽造銀貨（トゥーラ出土、量目 1.12g）（ZENO.RU, #117231）

1,12 g

注）左側がウズベクの銀貨、右側がジャニベクの銀貨を模したもの。

図 7-2　リトアニアの偽造銀貨（キエフ製造、直径 11mm、量目 0.38g、製造年 1362 年頃）（ZENO.RU, #226022）

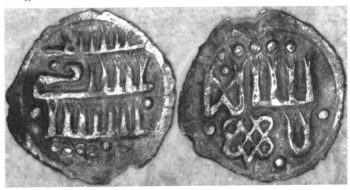

注）ジョチ・ウルスのアクチェ銀貨の半分程度の重さしかない。1360 年代の銀不足の状況がうかがえる。

第 8 章

# リトアニアの
# 宝結び

## モンゴル帝国のタムガ

1386年以降、リトアニア大公国とモスクワ大公国では、モンゴル帝国のタムガ（占有標）である「宝結び Өлзий хээтэй тамга, Tibetan knot」（図8-1、図8-2）の刻まれた銀貨が発行された。ジョチ・ウルスはリトアニアとモスクワに貨幣発行権を与えたと考えられる。

太宗ウゲデイ・カアンの時代から円形方孔の銀銭が鋳造され、タムガ（占有標）という皇帝を表す印が刻まれた。また、ムスリムが多い地域では、タムガが刻まれたイスラム様式の硬貨が鍛造された。

モンゴル帝国最初期から刻まれたタムガの一つに、「宝結び」がある（Nyamaa, 2005, pp79-80）。宝結びが刻まれた最初の貨幣が、図8-3のヒジュラ暦622年（1221年）にサマルカンドで作られた銀被覆銅貨である。

2章で見たように、中央アジアではいわゆる「銀の危機」という銀不足の中、銀貨の代わりに大型銅貨や銀被覆銅貨が作られており、モンゴル帝国も製造を引き継いだ。モンゴル帝国も基本的な図案や文章はそのまま使ったが、新たにタムガを入れるようになった。

1219年にチンギス・カンはホラズムシャー朝に侵攻し、占領した首都サマルカンドの統治を耶律阿海に任せた。サマルカンドの銅貨に「五つ目の宝結び」を入れたのは耶律阿海

であろう。耶律阿海は契丹人で、契丹人は仏教徒が多かった。

　宝結びという吉祥紋は、モンゴル帝国西方で発行された貨幣に刻まれることになった。宝結びはモンゴル帝国を表すタムガになった。例を挙げると、図 8-4 はイルハン朝君主アブー・サーイードの金貨であるが、「八つ目の宝結び」が４つも刻印されている。宝結びは仏教でもイスラム教でも吉祥紋として使われた（Beer, 2003, pp7-8）。

## リトアニアの独自硬貨

　ジョチ・ウルスでも宝結びの刻まれた硬貨が作られていた。例えば、図 8-5 はトクタミシュの銀貨で、宝結びが刻印されている。

　トクタミシュに臣従したポーランド国王ヨガイラ、リトアニア大公ヴィタウタス、モスクワ大公ドミトリ・ドンスコイの発行した銀貨にも宝結びが刻印されている。トクタミシュは臣下に貨幣発行権を与え、モンゴル帝国を表す宝結びの使用を認めたのだと考えられる。

　1380 年にトクタミシュは、ジョチ・ウルス西部の実質的な支配者であったママイをカルカ河畔の戦いで破り、その配下の遊牧民を吸収してジョチ・ウルスを再統一した。北東ルーシのモスクワもトクタミシュに下った。トクタミシュは

ティムールとの対決姿勢を鮮明にし、1385年にアゼルバイジャンへ侵攻した。

これに対して、西方についてはポーランド・リトアニアを属国とし、直接統治はしなかった。1380年までリトアニア大公ヨガイラはママイに従っていたが、ママイが敗れるとトクタミシュに臣従した。1381年からヨガイラは、叔父ケストゥティスおよびその子ヴィタウタスと対立し、内戦を始めた。キエフとその周辺を支配するヴィタウタスはトクタミシュに属していた。1381年～1382年にトクタミシュはヨガイラに勅令を下した。1382年にヨガイラは交渉に訪れたケストゥティスを殺害し、ヴィタウタスはドイツ騎士修道会のもとへ逃れた。

1385年のクレヴォ合同によりヨガイラはポーランド国王となり、リトアニアはヴィタウタスが統治することになった。トクタミシュは家臣をポーランド国王に就け、リトアニアの内戦を終わらせ、対ティムール作戦に専念できる国際環境を作り上げたのである。

1386年以降、リトアニア領内で独自硬貨が本格的に作られるようになった。マイギス氏はリトアニア大公国の初期硬貨の刻印がジョチ・ウルスから強い影響を受けたものだと論じた（Maigys, 2021）。

図8-6は、ロシア・トゥーラ州で見つかったリトアニア大公ヨガイラの銀貨で、量目は0.89gである。古銭学者や古

銭収集家の中には「半グロッシェン half groschen」銀貨と呼ぶ人がいる。グロッシェンはベーメン王国（チェコ）で作られたプラハ・グロッシェン Prager groschen のことだが、ポーランドでは 1360 年代からベーメンを真似て若干軽い独自のグロッシェン貨を製造した。ポーランド王国で発行されたクラクフ・グロシュ Krakow grosz の量目は平均 3.1g であり、ヨガイラの銀貨はグロシュの半分未満でしかない。リトアニアの銀貨と同じ量目の銀貨はジョチ・ウルスで作られており、リトアニアのダンギ銀貨と呼ぶべきだろう。

　図 8-6 の右側には、宝結びとライオンが描かれている。ジャニベクの貨幣にも宝結びとライオンが刻まれたものがあり（Nyamaa, 2005, p.204, #104）、マイギス氏の論じたように、リトアニアの貨幣はジョチ・ウルス硬貨を模倣したものである。

　また、ヴィタウタスが治めるキエフでは、1362 年頃からジョチ・ウルス銀貨を模した軽い銀貨が作られたが、1386 年ごろからヴィタウタスの名と宝結びの刻まれた独自銀貨が発行された（図 8-7）。

　トクタミシュはジョチの十三男で末子扱いであったトカテムルの子孫である。バト裔ではないので、トクタミシュはバトのタムガを使わなかった。イルハン朝君主のアブー・サーイードと同じく、モンゴル帝国の一員であることを強調したのであろう。

## リトアニアの重要性の増大

　1236 年から 1242 年のバトの征西の結果、モンゴル帝国は
キプチャク草原を征服し、その周辺地域を服属させた。キプ
チャク草原を自領としたジョチ・ウルスは、西欧カトリック
圏に含まれるポーランドとハンガリーとのあいだに、リトア
ニア大公国とハルィチ・ヴォルィニ大公国を置いて緩衝地帯
とした。リトアニアはジョチ・ウルスから馬と軍事顧問を得
たことで強力な騎兵を編成できるようになり、独立した民
族・国家形成をなしとげた。

　14 世紀に入るとハルィチ・ヴォルィニ大公国の領域はポー
ランドとリトアニアに吸収され、1385 年にリトアニア大公
ヨガイラがポーランド国王を兼任することで、ジョチ・ウル
スは元来敵対勢力であったポーランドをも勢力圏に加えるこ
とができた。

　トクタミシュは、文字通り一兵も損なうことなくポーラン
ドとリトアニアを手に入れたと言える。リトアニアから見れ
ば、これまでジョチ・ウルスと西欧とのあいだの緩衝地帯で
しかなかったリトアニアが、ジョチ・ウルスの一員として正
式に認められたことを意味する。リトアニア大公国が宝結び
のタムガの入った独自硬貨を発行できたのは、リトアニアが
ジョチ・ウルスの重要な構成国になったからである。

　ところが、15 世紀に入ると、ジョチ・ウルス銀貨がふた

たび流通するようになる。ジョチ・ウルスの銀貨は銀96.5
パーセントと良貨であり、市場はジョチ・ウルス銀貨を選好
した。キエフでは独自硬貨の代わりに、ジョチ・ウルス銀貨
の上から「リトアニアのタムガ」を打刻するようになる。

図 8-1　五つ目の宝結び　　図 8-2　八つ目の宝結び

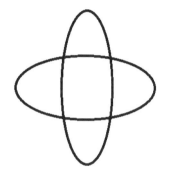 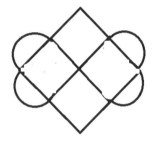

注）一筆書きの図は永遠を表す。
出所）筆者作成。

## 図 8-3 サマルカンドの銀被覆銅貨
（量目 3.07g、直径 28 〜 29mm）（ZENO.RU. #45959）

注）左面の中央に五つ目の玉結びが極印されている。

## 図 8-4 イルハン朝アブー・サーイードの金貨
（量目 4.18g、直径 22mm）（ZENO.RU. #292373）

注）右面の中ほどに八つ目の宝結びが 4 つ極印されている。

## 図 8-5　トクタミシュの銀貨
（量目 1.34g、直径 16 〜 17mm）（ZENO.RU, #115973）

## 図 8-6　リトアニア大公（兼ポーランド王）ヨガイラの銀貨
（量目 0.89g）（ZENO.RU, #189795）

0,89 g

図 8-7　リトアニアの統治者ヴィタウタスの銀貨
（ZENO.RU, #189803）

第 9 章

# ウクライナ製
# 石貨の消滅

## モンゴル支配前のルーシの幣制

現在のウクライナ中西部、ロシア中央部と北西部、ベラルーシにあたる地域はルーシと呼ばれていた。9世紀にルス族というバイキングの一派が侵入しルーシ・カガン国ができたが、ルーシとはルス族のことである。

ルーシでは銀地金やイスラム銀貨、クロテンやリスの毛皮が貨幣とされた。11世紀になるとルーシではビザンツ帝国の金貨や銀貨をまねて造幣をおこなったが少量にとどまり、引き続きイスラム銀貨や西欧の銀貨をそのまま使うか、半分に切って使われた。

12世紀から14世紀前半までルーシでは独自硬貨は作られなかったため、この期間は「無硬貨期」と呼ばれている。無硬貨期は前半と後半に分けることができる。

1236年〜1241年にモンゴル軍はルーシに侵攻し、最終的にルーシはジョチ・ウルスに服属した。モンゴル支配より前のルーシでは、グリヴナという量目160g弱の棒状の銀塊、クナ（クロテンの毛皮）、ノガタ（良貨を意味する名詞。アラビア語からの借用語）、レザナ（切断を意味する名詞）、ヴェクシャあるいはヴェヴェリツァ（リスの毛皮）などといった単位の銀粒が貨幣とされた。

また、綿布、ガラス玉、カーネリアン（瑪瑙）、貝貨（キイロダカラの貝殻）、革製貨幣（革幣）などが使われた。こ

うした多種多様な貨幣の一つとして石貨 stone money があ
る。

　モンゴル支配下のルーシではガラス玉、カーネリアン、石
貨が貨幣としては用いられなくなり、おもに貝貨が小額貨幣
として流通したと考えられる。

　ウクライナのオヴルチ Овруч（史料ではヴルチイ Вручий
と書かれることが多い）で生産された凝灰質粘板岩製紡輪は
石貨であり、モンゴル統治下で貝貨が安定供給されるように
なったことで石貨は消滅したと考えられる。


## オヴルチの紡輪

　ルーシの石貨は、糸をつむぐのに用いた器具である紡輪
spindle whorl の形をしている。出土する紡輪は直径 10 〜
25mm の円盤状で、中央に 6 〜 10mm の丸い孔があいてい
る。高さは 4 〜 12mm 程度である。五円玉が直径 22mm、
孔径が 5mm で、紡輪の孔は五円玉に比べ大きい。

　地域も時代も異なるが、中世の一乗谷朝倉氏遺跡で出土し
た鉄製紡輪の直径は 42mm である（織田・東村 2018、65
頁）。日本の古代の紡輪も 30 〜 50mm あり、ルーシの紡輪
は日本のものに比べ小さめである。

　ルーシの紡輪には粘土製や鉛製のものもあれば、凝灰質粘
板岩製のものもある。石貨とされたのは、ウクライナ北部、

ベラルーシ国境近くのオヴルチで採掘される粘板岩で作られたものに限られる。オヴルチはヴォルィニ公国の一部だったので、オヴルチの紡輪はヴォルィニの紡輪とも呼ばれる。

　粘板岩はスレート劈開性をもち、薄板として採石しやすく、また割れた表面に凹凸が少ない。例えば、日本で碁石などに使われる那智黒石は黒色粘板岩である（小村 2005）。

　オヴルチ産の粘板岩はピンク色あるいは赤味を帯びており、このような色の粘板岩は欧州ではオヴルチの位置するウジ河とウボルチ河周辺でしか採石されない。オヴルチでは 9 〜 13 世紀前半まで紡輪が作られたと考えられる。

　オヴルチの紡輪が石貨だとされる根拠はその出土状況にある。モスクワ市中心部の 12 〜 13 世紀の遺跡（**図 9-1**）やプスコフでは、オヴルチの紡輪が銀やガラス玉の腕輪や首飾り、貝貨など、他の貨幣と一緒に出土する。ヤーニン氏は、一か所から数百個のオヴルチの紡輪が見つかることから紡輪としてためられていた物ではなく、また一括出土する紡輪の範囲がルーシの領域に一致することから、オヴルチの紡輪はルーシの石貨であると主張した（Янин, 2009）。

　ただし、オヴルチの紡輪はルーシ以外にも、クリミア、ヴォルガ・ブルガール、モルドヴィア、リューベックなどでも見つかっている。おそらくルーシの外では石貨ではなく紡輪として使われていたのであろう。

　リャブツェヴィッチはオヴルチの紡輪を石貨と見ることに

懐疑的であるが、ベラルーシ北部の一括出土紡輪などの分析から、重さが約16gなのは古代ルーシの度量衡にしたがったものだと考えている（Рябцевич, 1977）。オヴルチの紡輪の重さが統一されていたのであれば、材質が同じなので、必然的に直径、孔径、厚さが画一化されていたことになる。

　オヴルチには12〜13世紀に粘板岩の薄板を積み上げた壁を持つ大きな教会が建てられ、また農耕が盛んな土地ではなかったことから（Тихомиров, 1956）、石貨生産地として栄えていたことがわかる。


## ヤップ島の石貨との共通性

　石貨として有名なものに、ミクロネシア・ヤップ島のライがある。ライは直径60センチ〜1メートル、大きいものでは直径3メートル、重さ5トンに及ぶものもある。石貨はヤップ島から500キロ離れたパラオの鍾乳石を材料としてパラオで成形され、ヤップ島に運ばれた。ライはカヌーの建造の謝礼や儀礼の交換財など、さまざまな目的で使われた。形は円形で、真ん中に孔が開けられ、孔に丸太を差し込んで担いで運んでいた（小林2005、175頁）。

　巨大なライの場合、所有権が移ってもライを物理的に移動させることはあまりない。また、ライに文字や印を入れることもあるが、基本的にはそのライが誰のものかは明示され

ず、その集団内で共通認識とされた。極端な場合、パラオから運んでくる途中に沈んでしまったライですら、島民は海中のライの存在と所有権を認めている（フリードマン 1993）。

　オヴルチの紡輪は、ライと同じく、特定の産地の石材が原料となっている。また、所有者などの情報が刻まれることがある。例えば、「公の娘が持っている」と刻まれた紡輪が見つかっている。さらに、リューベックで見つかったオヴルチの紡輪にはアルファベットが刻まれているが、ルーシ域外では貨幣ではなく紡輪として使われていたので、所有者の情報が刻まれたのだろう（Тихомиров, 1956）。


## 不完全な貨幣

　オヴルチの紡輪の生産は、13世紀前半に突然終了し、ルーシでは粘土製や鉛製などの紡輪が各地で生産され使用された。

　ロシア語圏では、モンゴル軍がオヴルチに侵攻して職人を殺し、工房が破壊されたことで、石貨は消滅したというのが定説化されている。

　しかしながら、1238年からおこなわれたモンゴルによるルーシ・ハンガリー侵攻は、キプチャク部族4万帳を率いるクテン追討作戦であり、オヴルチを含む作戦地域の破壊や征服を目的としたものではなかった。オヴルチは歴史から消え

ることなく、ハルィチ・ヴォルィニ大公国、その後はリトアニア大公国に属する都市として存続し、現存している。

　仮にモンゴル軍がオヴルチの紡輪工房を破壊し職人を虐殺したとしても、ルーシでオヴルチの石貨が消滅した要因になるとは思えない。もし需要があれば工房は復活したであろう。ただの紡輪であれば粘土製や鉛製で十分であり、オヴルチ産である必要はない。この事実そのもののが、モンゴル征服より前のルーシにおいて、オヴルチの紡輪が石貨であった証拠である。

　モンゴル征服後もルーシでは小額貨幣として貝貨が流通したと考えられている。貝貨はインド洋モルディヴ諸島周辺やフィリピンのスールー諸島で採れるキイロダカラの貝殻で、モンゴル帝国ではルーシの他に雲南で流通した。

　ルーシがモンゴル帝国の一部となったことで、貝貨が安定して供給されるようになると、「良貨が悪貨を駆逐する」、すなわちグレシャムの法則と逆の現象が起きたのであろう。

　貨幣となる物の特徴は、所有権が移譲可能であると同時に、その物自体には所有者の名が明示されないことである。古代ギリシャ・ローマの伝統を受け継ぐイスラム圏や欧州では硬貨や紙幣に国王の肖像が描かれることが多いが、この場合、硬貨や紙幣の所有権が国王に固着しているわけではない。裏書ができる手形には支払完了性がなく、貨幣とは言えない。

金属硬貨や貝貨に新たな文字や印を付け加えることは、不可能ではないが困難である。これに対して、すでに見たように、オヴルチの紡輪には文字や印が刻まれるという形で所有者が明示される場合があった。いったん刻まれると、オヴルチの紡輪は一般的交換手段としての機能を失って、石貨から紡輪に戻るのである。小さな石であるため、裏書もできず、手形にもなりえない。

　貝貨には貨幣としての使用価値しかない、言い換えると、貨幣以外の使い道がないが、オヴルチの紡輪には紡輪としての使用価値が備わっている。貝貨に比べ石貨は貨幣として不完全であると言えるだろう。

　無硬貨期のルーシではさまざまな物品貨幣が流通していたが、モンゴル支配下では銀、貝貨、綿布、革幣などに収斂していく。14世紀中頃にモンゴル帝国が衰退すると、貝貨の供給が滞り、ルーシでは独自貨幣として銀貨、銅貨および革幣が発行され、また、ジョチ・ウルスの銀貨も引き続き流通する。

図9-1　オヴルチの紡輪

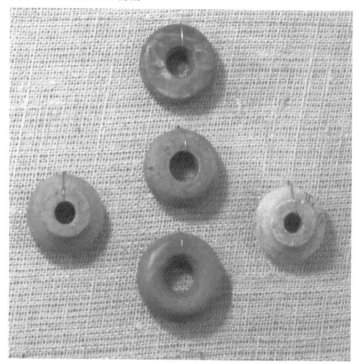

出所）モスクワ市長公式サイト（https://www.mos.ru/news/item/88868073/）。

第 10 章

# 貝貨から銅貨へ

## モンゴル帝国の貝貨

　現代では政府・中央銀行が貨幣を発行するのは当然と思われているが、前近代において貨幣は必ずしも政府が作るものではなかった。貝貨は政府が作り出せない貨幣の代表例である。

　古代中国ではまず南海産の巻貝の一種であるキイロダカラの表面を削って穴をあけたものが貝貨として流通していたが、何らかの理由でキイロダカラの供給が止まると、石、骨、淡水産の貝、そして青銅などで貝貨が作られるようになった（白川 1971）（佐原 2001）。

　ジョチ・ウルス支配下の 14 世紀のルーシでも、貝貨が不足したので銅貨を作るようになった。

　1206 年に成立した大モンゴル国は、1227 年に西夏、1234年に金朝を滅ぼし、1276 年に南宋の首都臨安を占領して中国を統一した。この間、伐宋戦の一環として雲南征服がおこなわれ、雲南にはモンゴル軍が駐留し、農業・鉱山開発が進められた（松田 1980）（牛根 2008）。雲南では金薄という金貨や銀地金に加え、鈔、そして貝貨（Yang, 2019）が流通していた。キイロダカラは雲南での兵員や物資調達に不可欠であり、雲南統治だけでなく、隣接するミャンマーやラオス方面への侵攻作戦の遂行のためにも重要な戦略物資であった。

　雲南統治が本格化する 1270 年代に、地元政府は本土と同

じく鈔を流通させようとするが、結果的に金薄と八子（貝貨。貝偏に八、貝偏に巴などと書かれる）の並行流通は変えられず、その後もたびたび鈔への転換を図り一定量の使用は見られたものの、貝貨流通は維持された。

　戦略物資であり徴税手段でもあった貝貨の移出入は政府管理の対象とされ、諸王や官吏と結びついた政商が貝貨の供給を担っていたと考えられる。雲南への貝貨の持ち込み禁止令が繰り返し出されているにもかかわらず、雲南における貝貨流通はなくならなかった。

　貝貨、すなわちキイロダカラの産地はモルディヴ、ラッカディーヴというインド洋のサンゴ礁の島々と、東南アジアのスールーである。明代には琉球からキイロダカラが輸出されていたが、元代におこなわれていたかわからない。

　産地から雲南への運搬経路についてであるが、想定されるのは①江南（中国南部）、②ベンガル、③大越（北ベトナム）・八百媳婦（ラオス）の３方向からである。②と③からキイロダカラが雲南に輸送されていたという記録は管見に触れない。①に関しては以下の漢籍史料が残っている。『大徳南海志』（陳大震纂）、南海志巻7、雑物に、

「黄蠟、風油子、紫梗、磨末、草珠、花白紙、藤蓆、藤棒、八子、孔雀毛、大青、鸚鵡螺殻、巴淡子。」

として八子が挙げられており、産地から広東に送られていたことがわかる。

　また、タカラガイが江南や華北に貯まっていた様子がわかる史料が残されている。以下、訳文を掲げる。

「私八。至元13年（1276年）4月13日。中書省奏するに、雲南省にて勤務しているケレイトという名のムスリムが去年次のように提案してきた。「江南（南宋領）の地にいる商売人たちはタカラガイを雲南に持ち込んで、どんなものでも交換しています。商売人たちが私的に持ち込むことは禁止されていますが、江南の地や市舶司には見ればタカラガイがたくさんあります。たとえば、（禁令を廃止して）放置しておいて金子や馬に交換させればもうかることでしょう。」と奏したところ、「そのようにせよ。」との聖旨があったので、去年、タカラガイを持って（腹裏から）雲南へ行かせた。そのとき、雲南省の官人たちは次のように言ってきた。「雲南でタカラガイを行使している地は狭いのです。（タカラガイの行使は）鈔法と同じです。もしタカラガイが広まれば（流通量が増えれば）どんな宝（価値物）だと言えるでしょうか。民間人は苦しむでしょう。腹裏からタカラガイを持って雲南に来るのを禁止すべきです。」」（ケレイトと彼と同じ雲南の官人たち）両方の言うことが同じでない。「雲南の多くの官人たちはケレイトと一緒に話をしてから言ってくるように。」

という内容の文書を与えてやった。今、みんなで相談したところ、「（タカラガイを）持ち込むのはよろしくない。どんな宝だと言えるでしょうか。民間人もまた苦しみます。民間人が持ち込むこと、官司が持ち込むことは禁止すべきであり、すべて合に持ち込むべきではありません。」と言ってきた。私たちは相談したのですが、「持ち込ませなければどうでしょうか。」と奏したところ、「持ち込ませるのを休止せよ。」との聖旨があった。これをつつしめ。」(『通制条格』419、巻18、20 表 5121 表 4)

　南宋の首都臨安が無血開城する前の 1275 年に、ケレイトというムスリム官僚が江南の商人が自由にタカラガイを雲南に持ち込めるよう提案したところ、中央政府は腹裏（華北）にあるタカラガイを雲南に持っていかせた。実は 1275 年頃に私的にタカラガイを売買してはいけないという法律ができたのであるが（松田 1980）、この法律を廃止して、ケレイトは江南商人と結託しタカラガイを持ち込んで儲けようと考えたのである。ところが、腹裏からタカラガイが運ばれてきたので、雲南の官吏と江南の商人はあわてて雲南へのタカラガイの流出入の全面停止を奏上した。腹裏からの流入を何としても止めたかったのである。本事例は南宋滅亡前からモンゴル官僚と江南商人が結びついていたことを示す好例である。
　インド洋や東南アジアの熱帯の海にすむキイロダカラが、

しかも雲南の貨幣流通を混乱させるほどの量が、腹裏にあったというのは信じがたい（上田 2016、123 頁）。しかしながら、13 世紀のモンゴル高原やバイカル湖周辺のキリスト教徒の墓からキイロダカラが見つかっていることから（伊藤 2017）、モンゴル人やシベリア先住民は現在と同じく、モンゴル帝国期にもキイロダカラを呪術的な物と見なし、キイロダカラ需要があったから腹裏にも貯められていたと考えられる。

　モンゴル遊牧民は帝国にとって根幹となる騎兵戦力の供給源であり、遊牧民の支持なしに帝国は成り立たない。また、シベリアや満洲の森林地帯に住む人々は兵士としてだけでなく毛皮の供給者でもあり、富と権力の象徴である毛皮の確保は、モンゴル帝国を含むユーラシアの政権にとって必要不可欠だった。モンゴル帝国にとって、キイロダカラは北方の民を統治する上でも重要な、国家が管理すべき戦略物資だったのである。


## ルーシの貨幣制度

　モンゴル帝国領内のもう一つの貝貨流通地域であるルーシについて見てみよう。

　もともとルーシは北欧のバイキングのことだった。バイキングは東スラブ族やフィン系諸族を征服し、また南西の草原

地帯にいた遊牧民の影響を受けつつ、キエフ・ルーシという古代帝国を作り上げ、南のビザンツ帝国との接触によりキリスト教を受け入れ、現在のロシア、ウクライナ、ベラルーシの基となった。

バイキングやチュルク系遊牧民ハザールはキイロダカラを好んで収集しており、ルーシも伝統を引き継いだ。

キエフ・ルーシは国制や宗教面ではビザンツ帝国の影響が色濃いが、貨幣の面ではビザンツ帝国の貨幣をまねて金貨や銀貨を作ることもあったが少量にとどまり、大部分はイスラム圏のディルハム銀貨を用い、しかも切り取ったり溶かして棒状に成形したりして秤量貨幣として用いていた（Спасский, 1970）。また、古代スラブ族はリスやクロテンの毛皮を貨幣として用いており、特にクナ（クロテンの毛皮）が重要だったことから、古代スラブ族の貨幣制度は「クナ制度」と呼ばれている。

古代キエフ・ルーシ帝国は徐々にいくつかの分領公国に分かれていき、いちおうウラジミル大公を頂点とはするものの、周辺の民族、特にチュルク系の遊牧民を巻き込んで公国が互いに相争うようになると、独自硬貨の発行はおこなわれず、重さ 0.5g の銀粒クナ куна や 0.2g 〜 0.3g の銀粒ヴェクシャ векша などが秤量貨幣として用いられ、また、ガラス玉、タカラガイ（図 10-1）（図 10-2）、ヴォルィニ産紡錘車 пряслица などの物品貨幣が用いられた。銀貨やガラス玉

には穴があけられ首飾りとして用いられた。12 〜 14 世紀前半までの時期は無硬貨期 безмонетский период と呼ばれている（Спасский, 1970）。

　物品貨幣の内、ガラス玉や石貨はルーシ内で作られたが、銀はイスラム圏や西欧から、貝貨はインド洋産キイロダカラでおそらく中央アジア・コーカサス経由で運ばれていた。代わりにルーシは毛皮や奴隷、蜜蝋などを輸出していた。ちなみにルーシには金銀銅鉱はなかったが、外部の観察者から銀鉱があって豊富な銀産があると間違えられるほど銀が流通していた（高田訳 2013、597 頁〜 598 頁）。

　1236 年〜 1242 年のバトの征西によりルーシはモンゴル帝国、ジョチ・ウルスに属することになり、1360 年代まで独自硬貨の発行はなかった。この間、銀塊やジョチ・ウルスの銀貨、綿布、毛皮などが流通したが、ガラス玉の生産・流通はなくなった。

　11 世紀から 13 世紀までルーシの農村部では金属製の腕輪が、都市部では金属製の腕輪とともにガラス玉付き腕輪が使用され、小規模な都市の遺跡からでも数千単位でガラス玉付き腕輪が発見されている。すなわち、ガラス玉付き腕輪はおもに都市部で交換手段や価値保蔵手段として使用された（Пушкарева, 1989, c.167-168）。また、女性用首飾りの大部分はガラス玉付きであるなど、13 世紀までさかんにガラス玉が使用されていた（La Rus and Kies, 2007）。ところが、13

世紀の途中から腕輪は減少し、首飾りについては男性用のものが消滅し、また全体的にビーズの付いた首飾りもなくなり金の鎖に変化する（Рабинович, 1986, с.87）。つまり、ジョチ・ウルス支配期にはガラス玉の貨幣機能が失われた。

　1359 年に当主ベルティベクが暗殺されると、ジョチ・ウルスは混乱・分裂状態に陥った。こうした中、リトアニア大公国治下のキエフで 1362 年頃からジョチ・ウルスの銀貨の偽造が始まった。これを皮切りにルーシ各地で独自硬貨の発行がおこなわれるようになった。独自硬貨にはデンガ銀貨 денга とプロ銅貨 пуло の 2 種類があり、それぞれジョチ・ウルスのアクチェ銀貨（チュルク語でダンギ、テンゲ）とプル銅貨の名称を借用したものである。

　14 世紀前半のルーシにおいて銀貨の流通はあったが、銅貨は 14 世紀後半に突如として登場する。ジョチ・ウルスの幣制において「銅貨 16 枚＝銀貨 1 枚」であり、銅貨は小額硬貨として作られていたが、ロシア史家は「デンガ 1 枚＝プロ 60 枚または 72 枚」という風に、プロもまた小額貨幣だったと考えている（Прохорова, 2007, с.53）。

　ジョチ・ウルスの混乱によりそれまで小額貨幣として使われていた何かの流入がきわめて少なくなり、あるいは安定して入ってこなくなり、代わりに西欧から輸入した純銅スクラップを原料にプロ銅貨を作らなければならなくなった（Прохорова, 2007, с.53）。

すでに述べたように、ジョチ・ウルス支配前期（1240 年〜1359 年）にガラス玉の生産と流通がなくなり、また石貨も見られなくなった。したがって、ジョチ・ウルス支配前期のルーシで小額貨幣の候補となるのは貝貨しかない。クナにあたる銀貨は「テンの頭 мордка куней」、貝貨は「蛇の頭 змеиная головка」などと呼ばれ、銀貨と貝貨が特に重要だったと思われる。こうした前史があって、ジョチ・ウルス支配後期（1360 年〜1480 年）のルーシではダンギ銀貨の代わりにデンガ銀貨が、貝貨の代わりにプロ銅貨と革幣が作られたのである。

　元来ルーシは毛皮の産地で、バルト海やイスラム圏へ毛皮を輸出しており、モンゴル支配期には北極圏にまで広がる属領から毛皮を得ることで、ノヴゴロドなどは毛皮取引の中心地となっていた。ジョチ・ウルスにとっても毛皮の確保は重要事項であり、その毛皮購入のために貝貨をルーシに供給することも政策課題だったはずである。

　1253 年から始まるフレグの征西の前、ジョチ家はイラン、アゼルバイジャン、ジョージア方面に権益を有し、アフガニスタンに軍を駐留させていたが、フレグはタブリーズをはじめ各都市にいたジョチ家の代官を殺害し無理やり権益を奪い取った。また、アフガニスタン方面のモンゴル軍も分裂し、反フレグ陣営はニクダリヤン（ジョチ家派遣のネグデル・ノヤンを長としたことからニクダリヤンと呼ばれる）となった

（北川 1979）。

　ジョチ・ウルスがタカラガイを手に入れるためには、コー
カサスのデルベントを通るか、ホラズムからチャガタイ家の
支配するマーワラーアンナフルを経てアフガニスタンからイ
ンドに向かうという 2 つの経路が考えられる。デルベントか
らタブリーズに抜けることは、イルハン朝との対立期には難
しかった。他方、1260 年にアリクボコとクビライとの間の
帝継承戦争が起きる前、マーワラーアンナフルにはジョチ家
の代官がいたが、チャガタイ家のアルグがやはり殺害してし
まう。その後、1269 年のいわゆるタラス会盟でジョチ家、
チャガタイ家、ウゲデイ家の 3 者で中央アジアの権益は分け
られ、アフガニスタンのジョチ家派遣軍もチャガタイ家の指
揮下に置かれた。この時点で、ホラズム、マーワラーアンナ
フルの経路の安全はチャガタイ家によって保障された。イブ
ン・バットゥータはこの経路を通ってキプチャク草原からイ
ンドに馬が輸出されていると記録しており、反対方向に銀、
香辛料、キイロダカラなどが運ばれていたと思われる。


## 貝貨の代わりとしての銅貨

　1368 年に明軍は大都を占領し、元朝は勢力を保ちつつモ
ンゴル高原に引き揚げた。雲南のモンゴル勢力も 1390 年に
は明軍に滅ぼされたが、雲南における貝貨流通はなくならな

かった。明朝は琉球などからキイロダカラを得て雲南に供給していたからである。

　これに対してルーシへのキイロダカラ流入はかなり減ったと考えられる。ただし15世紀のモスクワ中心部の商家跡から銀貨とキイロダカラが混じって見つかっていることから、キイロダカラが完全になくなったわけではない。しかしながら、1360年代からルーシ各地でなし崩し的に銀貨と銅貨が作られるようになった背景には、ジョチ・ウルス当主の権威の低下と、ルーシにおける硬貨需要の増加があったと考えられる。

　モンゴル帝国の貨幣発行権は皇帝（カアン）にあり、イルハン朝のように硬貨にカアンの代理人としてのイルハン朝当主が発行するといった文言が刻印される場合もあるが、ジョチ家、チャガタイ家、ウゲデイ家の諸王は自身のタムガを刻印し、カアンには言及しない。ジョチ・ウルスではサライやクリムでなし崩し的に当主の名の明記された硬貨が作られていた。特に、ベルケやトデモンケは硬貨に「イスラムの帝王 padishah-i islam」と書かれており、おそらくフトバにその地の支配者の名が入れられるのと同じくイスラム法にのっとってジョチ家当主の名が刻まれた貨幣が発行されるようになったのであろう。

　1359年以降、ジョチ・ウルスの君主が頻繁に交代する中、チェルケス、ママイ、タガイベクといった諸王ではなく万人

長でしかない者の名を刻んだ貨幣が出てきた。貨幣発行権が
ジョチ家当主の専有ではなくなっていった。これと並行して
リトアニア大公国のキエフでジョチ・ウルス硬貨を模した物
が作られる。キエフの硬貨には意味不明なアラビア文字に模
したものが刻印されている。こうしたアラビア文字あるいは
これに似せたものを刻印した硬貨は、ノヴゴロドでは 1478
年まで作られた。ルーシ各地で硬貨が作られるようになって
以降も、ルーシの人々は貨幣発行権がジョチ家にあると考
え、アラビア文字をジョチ・ウルスを象徴するものと捉えて
いたのだろう。

　次にルーシにおける硬貨需要の増加の要因について見てみ
よう。モンゴル帝国の宗教保護・税制優遇政策により、キリ
スト教会・修道院は富を蓄積し、集めた農民を使って森林の
耕地化を進め（フェンネル 2017）、こうした農村に寄生する
都市の発達をうながした結果、硬貨需要が高まったと思われ
る。また、ルーシ諸公は都市に住む商人から硬貨で商税など
を取り立てていた（栗生沢 1985）。さらに、森林の減少は毛
皮獣やミツバチの生息域を奪うことを意味し、毛皮、蜜蝋、
蜂蜜などの森林から得られる収入源の減少をもたらし、また
木の実が減ることで豚の飼育が難しくなり、人々が農業生産
や農地により依存するようになると、税制が人頭税から地税
に変化していく。ジョチ・ウルスは、最初は戸口青冊という
人口調査記録帳にもとづいて人頭税を徴収していたのが、少

なくとも 15 世紀初頭にはモスクワ大公に対して一定の面積の農地に対して銀貨を徴税するように命じるといった形に変わっていく（川口・長峰 2016、213 頁）。

1g 弱の銀貨であっても価値は大きく、ルーシでは銀貨を半分や 3 分の 1 に切って使う習慣が 17 世紀までつづいた。これと並行して小額貨幣の需要も大きく、貝貨が希少となると、西欧から輸入した銅スクラップを原料とした純銅貨プロが作られるようになった。

ルーシのプロ銅貨は 14 世紀末のものは葉っぱ型と呼ばれるものが多い。これはルーシの金属硬貨が、金属の針金を作ってこれを一定の量目で切って扁平にして刻印するという製法だからである。このルーシの針金硬貨 Russian wire coin はおもに楕円形になるが、わざと葉っぱ型あるいは涙型、つまり先頭がとがっていて下の方に行くほど丸みを帯びて広がり、後ろの方は尻すぼみという形にしたのは、キイロダカラを模したかったからだろう。要するにプロとは純銅製貝貨なのである。

ジョチ・ウルスのプル銅貨は、円形あるいは楕円形の金属片に打刻したもので、ルーシの硬貨とは製法が異なる。ルーシはジョチ・ウルスの硬貨の名称だけ借用して製法は受け継がなかった。

ルーシにおける独自硬貨の発行の早い例として、ニジェゴロド公国の硬貨をあげることができる。ニジェゴロド公国に

はニジニノヴゴロド、スズダリ、ゴロデツ（後のカシモフ）の３都市に造幣局があった。

ニジェゴロド公国でいつからプロの製造が始まったのか、また誰が公の時期に発行されたのかは刻印を見てもわからない。しかしながら、翼を広げた鳥の刻印されたデンガ銀貨は1360年代から1380年代には発行されていたようであり、このデンガと同じ刻印のあるプロも14世紀後半には発行されていたと考えられる（Прохорова, 2007, c.56）。

ニジェゴロド公国の３つの都市では、それぞれ刻印のデザインが異なるなど、同じ公国内でも各都市は自立的な存在であったことがうかがえる。

ニジェゴロド公国のプロは５種類に分類されており、①表側に右方向に飛んでいる鳥、裏側にアラビア文字の銘の入ったプロは古くから知られていた。残り４種類は残存枚数が少ないが、②表側の左方向に飛んでいる鳥、裏側に①と同じくアラビア文字の銘というプロもあり、重量は1.28gである。また、③片方に四足獣、もう片方に翼を持つ竜の入ったプロが５枚見つかっており、平均重量は1.76gである。また、ゴロデツで発見されたプロは、④表側の端に先端の平らな十字架、裏側には装飾的な格子の入ったもの（発見数６枚。平均重量1.55g）と、⑤表側は④と同じだが、裏側にたくさんの縫い目状の模様の銘のあるもの（発見数１枚。1.45g）というかわったものである（Прохорова, 2007, c.56）。

## 革幣

　次に、トヴェリ大公国のプロについて見てみよう（図10-3）。トヴェリ大公国はモスクワ大公国と北東ルーシの覇権を争ったが、1485年にモスクワに併合された。トヴェリ大公国も、トヴェリの他にゴロデンやカシンに造幣局をもっていた。トヴェリ大公国のプロには製造地は刻印されているが大公の名前や印はなく、発行時期は重量の違いによって特定されている（Прохорова, 2007, c.53-54）。

　トヴェリ大公国内でのプロ発行はイワン・ミハイロヴィッチ大公（在位1399年〜1425年）の時代に始まった。1400年代には平均重量2.5gであったプロは、1410年代発行のプロには2.0gを超えるものはなくなり、1420年代には平均1.8gにまで減少する。その後、ボリス・アレクサンドロヴィッチ大公（1425年〜1461年）の時代には平均重量1.4gとなり、ミハイル・ボリソヴィッチ大公（1461年〜1485年）の時代には0.8gにまで落ち込んだ。1485年にモスクワに併合されると、いったんは1.4gとモスクワのプロと同じ重量に戻されたが、結果的に0.9gにまで減重した（Прохорова, 2007, c.54）。

　トヴェリのプロはニジェゴロドのプロと同じく円形ではなく、また、①葉っぱ形、②八角形、③平らな卵形の3種類がある。この中でもっとも多いのが③平らな卵形である。①

葉っぱ形は 1420 年代には消え、②八角形を経て、角が丸い③平らな卵形が主流になったようである（Прохорова, 2007, c.53）。

トヴェリでは革幣 leather money/кожаный жеребей（Лукъянов, 2000）も作られていた（図 10-4）。現存する 2 枚は縦横 25mm ほどで厚さも 5 ～ 6mm と比較的大きい。964 番には 6 枚の花弁の花を中心に複雑な模様があるが、こうした模様はジョチ・ウルスの貨幣にも見られる。

発掘調査によれば、12 世紀にはリスやクロテンの毛皮を貨幣として用いていた痕跡は見られず（Янин, 2009）、実際にはおもに毛皮の名称を持つ銀片が使われていた。毛皮は重要な輸出商品で、ルーシと他の地域との間の決済手段として機能していたと思われる。

また、トヴェリではプロ銅貨と同じ文様が革幣にも使われていることから、革幣の流通が 15 世紀には諸公の手に握られるようになったことがわかる。革幣はロシア北西部のプスコフ共和国や、教会・修道院も発行しており、ルーシ全土で銅貨不足、小額貨幣不足を補っていた。

モンゴル帝国は紙や銅に文言を入れ、価値章標として利用していた。ルーシでは、貨幣を担う物は必ずしも銀でなくてもいいという慣習を土台として、文言やタムガを押して貨幣とするというモンゴル的発想を受け入れ、山羊皮をなめして四角く切ったものに、西欧的な複雑な肖像ではなく、タムガ

や簡単な模様を入れるようになったのであろう。

## 貝貨の代替物としての銅貨

モンゴル帝国にとってキイロダカラは統制されるべき戦略
物資だった。雲南では貝貨として用いられ、雲南における兵
員、馬、食糧等の確保のために、貝貨は徴税手段にもなって
いた。雲南と同じく貝貨流通地域であるルーシでも、ジョ
チ・ウルスは貝貨流入経路を管理しつつ、毛皮や兵員などを
得ていたのであろう。

モンゴル高原の遊牧民やシベリアの狩猟民、そして中東の
ムスリムにとってキイロダカラは貨幣ではないが、重要なア
クセサリーであり、元朝の記録から、腹裏にキイロダカラの
備蓄があったことがわかる。

14世紀中ごろにモンゴル帝国が解体されるとキイロダカ
ラ流通経路も攪乱され、雲南には明朝が供給していたが、
ジョチ・ウルスの弱体化によりルーシへのキイロダカラ流入
は減少したものと考えられる。小額貨幣不足に陥ったルーシ
では、キイロダカラに似せたプロ銅貨が作られ、これでも足
りないのでなめした革を四角に切って刻印した革幣を諸公や
教会、修道院が作るようになった。

ルーシで革幣がいつ生まれたのかは正確にはわからない
が、現存しているものの中に、プスコフで作られた神聖ロー

マ皇帝ハインリヒ３世（1056年没）の肖像が描かれたものがあり（Лукъянов, 2000）、11世紀までさかのぼる可能性がある。おそらく革幣の流通はモンゴル帝国時代も続き、ジョチ・ウルス後期に入って分領公も発行するようになったものと思われる。

　プロという名称はジョチ・ウルスのプル銅貨の借用語であるが、製法はまったく異なっている。また、プル銅貨は金属価値よりも額面がかなり上回っていたが、ルーシのプロ銅貨は価値が小さい。それゆえ、ジョチ・ウルスの貨幣制度がルーシに持ち込まれたとは言えない。とはいえ、プロ銅貨の中にはアラビア文字が刻まれたものも多くあり、ルーシにおける本来的な貨幣発行権者はジョチ・ウルス当主であるという観念は少なくともノヴゴロドがモスクワに併合される1480年ごろまでつづいていた。

　1534年のエレーナ・グリンスカヤの幣制改革でコペイカ銀貨が発行され、デンガ銀貨とプロ銅貨は廃止され、またルーシの貨幣はモスクワのものに統一された。しかしながら、その後もコペイカ銀貨を半分あるいは３分の１に切ってデンガとして使ったり、革幣の流通はつづいたりと、モスクワの政府の思う通りの幣制は確立できなかった。結果的に、1700年のピョートル１世の幣制改革によって西欧的な金銀銅の三貨制度が導入され、革幣も公式には姿を消すことになった（マルクス1966、150頁）。

## 図 10-1　プスコフ出土貝貨

出所）Спасский（1970）（http://www.arcamax.ru/books/spassky01/spassky23.
htm）．（最終閲覧日：2021 年 10 月 30 日）

図 10-2　12世紀ポロツク出土キイロダカラ（ベラルーシ国立ポロツク博物館蔵）

出所）Национальная Академия Наук Беларуси, Институт истории（2012）*Археологическое наследие Беларуси*, Минск, Беларуская Наука, с.86.

図 10-3　鳥の描かれたトヴェリ大公国のプロ

出所）http://www.rustypennies.com/catalog/pix/bg191.jpg

図 10-4　花の描かれたトヴェリ大公国の革幣
964 番

965 番

注）番号は Орешников А.В（1996）Русские монеты до 1547 г. のもの。より詳
しい画像は、ロシア国立カレリア共和国博物館ホームページ（http://kgkm.
karelia.ru/site/section/302）（最終閲覧日：2021 年 10 月 30 日）を参照。
出所）https://www.russian-money.ru/coins/knyazhestva/kozhanye-zherebji/

# おわりに

## モンゴル帝国の貨幣制度

モンゴル帝国は遊牧社会の貨幣概念である、貨幣の価値は皇帝が決めるという観念を持っており、中国では鈔を発行して価値尺度機能を付与し、銀と銅銭の交換手段機能を制限した。

中国で得た銀はイスラム圏に運ばれ、イスラム様式の硬貨の材料となった。特に銀が豊富な中央アジアでは、ディルハム貨だけでなく本来金貨であるディナール貨もケベキと呼ばれる銀貨として作られていた。

また、長距離交易にかかるインフラ整備費や保護費（マクニール 2008）を、モンゴル帝国、マムルーク朝、ヴェネツィア共和国など、国家が負担するところも現れ、アフロユーラシア全体が銀を媒介とした商業網に覆われていった。

こうした商業網は自然とできあがったものではなく、モンゴル帝国が意図的に作り出したものである。中国の銀を国家が集めるために包銀や鈔専一が考え出され、軍の移動・補給・連絡および統治のためにジャムチが整備され商業路となり、南宋を征服して東南アジア・南アジア・東アフリカと海

路で繋がろうとしたのは、偶然ではなく計画し実行した上での結果なのである。

## ジョチ・ウルスの幣制の特徴

　ジョチ・ウルスはモンゴル帝国の一部として、また、イスラム圏、ビザンツ帝国、バルト海と結びつくことで、長距離交易路を利用した一大商業帝国となり、塩、馬、奴隷、コムギ、毛皮などの輸出を活発化させた。

　長距離交易の拠点はクリミア半島を含む黒海北岸の諸港湾、ヴォルガ河中流域、ホラズムなど境界領域にあって、対外決済手段として銀が用いられ、域内決済手段として銀と並んで銅貨や綿布などが使われた。

　ジョチ・ウルス政府は銀を価値尺度としたが、銀の価値は市場で決まるものである。そこで、銀に対する銅の交換比率を重量比で「銅48＝銀1」と定め、その後「銅貨16枚＝銀貨1枚」に固定し100年にわたって維持し続けた。国家が強い意志をもって価値章標である銅貨の価値を管理していた。

　モンゴル帝国期に硬貨に数を打刻したものは、ジョチ・ウルスのプル銅貨と、元末の至正通宝及び江南・吉安路の銅銭くらいしかない。とはいえ、元銭は発行枚数も少なく製造期

間も短い。宋代に二文、三文、十文など多くの種類が作られたが、金属重量から乖離しすぎた大銭は市場からも政府からも受け取りが忌避された。日本では輸入した大銭を小平銭の大きさに削って使っていた。これに対して、ジョチ・ウルスでは公定重量の半分未満の軽い銅貨が 16 枚で銀貨 1 枚に値するものとして受け取られていた。

　ジョチ・ウルスは長距離交易を不可欠とする国制ゆえに、対外決済手段として流出しやすい銀に特化するのではなく、銀安銅高にすることで銅の流入を促し、かつ域外では価値が小さくなってしまう銅貨の流出を防いでいたと言える。

　イルハン朝ではガイハトの時に元朝の交鈔をまねて紙幣chav を発行したが定着しなかった。また、中央アジアではケベクの時にディルハム銀貨だけでなくディナールも銀貨として発行し、周辺地域との交易に直接利用できる硬貨を作り、域内と地域間の決済手段を分けなかった。したがって、硬貨の価値は金属の重量で決まり、硬貨が価値尺度機能を担うというイスラム的でかつ当時のアフロユーラシア一般の貨幣制度が維持された。

　これに対して、イスラム化が表層のみにとどまったジョチ・ウルスでは、スムあるいはグリヴナという銀塊が秤量貨幣として使われ、スムに対する補助硬貨としてアクチェ銀貨

等が発行され、アクチェ銀貨1枚に対して16枚で等価となるプル銅貨が作られていた。価値尺度機能を担う物が銀貨ではなく銀だというのが重要で、市場で客観的に決まる銀の価値を人々が共有すれば、交換手段や価値保蔵手段を銀に限定する必要もなく、域外との決済手段として物理的実体を持つ銀が必要となれば銀塊や銀貨の形で手に入れればいいことになる。

　ジョチ・ウルスは絶対量の不足する銀の使用範囲を限定し、さまざまなものが貨幣として並行流通することを妨げず、政府自ら価値章標を作り出したのである。


## モンゴル帝国の統治体制と幣制

　モンゴル帝国は法治国家であり、チンギス・カンのヤサ（憲法）を初めとする祖法を守ることが求められる社会であった。

　モンゴル帝国の最初期は貨幣発行権が皇帝にあるという点が明確でなく、カラコルムやジャンドなどではカリフの名と称号が刻印された硬貨を発行した。

　バト以降は皇帝の貨幣発行権の独占が定まり、ジョチ・ウルス当主の名前もタムガも刻まれず、帝国直轄領を表す弓形

タムガやダルガ、モンケ・カアンやアリクボコなど皇帝の名やタムガが刻まれた。

　1260年以降のクビライによる帝位簒奪とフレグによるイランの不法占拠により窮地に立たされたジョチ・ウルスは、ジョチ家当主の名で硬貨発行を始めるが、イスラムの帝王の称号を使うなど、モンゴル法ではなくイスラム法にもとづいた硬貨発行をおこなっていた。

　その後、1308年に東西和合がなると、おそらく飛び地の整理と貨幣発行権の委譲がおこなわれ、1309年から造幣局が増設された。非モンゴル人の万人隊に硬貨の鍛造を認めたことは、非モンゴル人の地位向上を示すものだと考えられる。

　1359年のジョチ・ウルスの混乱以降も、ルーシやリトアニア、クリミアのジェノヴァ居留地などではアラビア文字やタムガの刻まれた硬貨が発行され、貨幣発行権がジョチ家当主にある点が守られた。


## 商業帝国としてのジョチ・ウルス

　貨幣を担うものが貴金属である必要はない。タカラガイやガラス玉のような商品、ジョチ・ウルスの銅貨のような金属

の価値と額面の価値がかい離したもの、そして紙幣や革幣のような非金属であっても貨幣として受け取られていた。

1359年のジョチ・ウルスの分裂以降、ルーシでは銅貨の量目がいったん増えるが、徐々に減重しジョチ・ウルス前期の銅貨と同じく価値章標となり、また、革幣も作られた。分領公や教会・修道院の造幣事業は、北東ルーシを統一したモスクワ大公国によって原則禁じられ、1534年のエレーナ・グリンスカヤの幣制改革によって銅貨は廃止となり、最終的にコペイカ銀貨のみモスクワで作られるようになった。モスクワ大公国の幣制はきわめて中央集権的であり、市場の反発も大きかった。硬貨不足からコペイカを切って使い、また各地で革幣の流通が引き続き見られた。

中央集権化や貨幣機能の貴金属への収斂が人類史における定方向進化だとすれば、モスクワ大公国はジョチ・ウルスという古い体制を打破した新しい国家だったと言えるだろう。モスクワで作られた銀貨以外に使えないのであれば、ロシア全土の銀はまずモスクワに集められ、その後全国に散っていくのであり、造幣の中央集権化と国内市場の統一化は表裏一体で、コペイカ銀貨の流通圏という国境に囲まれた近代的国民国家の枠組みの萌芽が見られる。

これに対してジョチ・ウルスは分権的で、境界領域を活用

した対外的に開かれた商業帝国である。クリミア半島から外国勢力を排除するのではなく、ビザンツ帝国、マムルーク朝、ジェノヴァ商人、そして現地のチュルク系遊牧民やゴート人と共存することで商業権益を維持していた。

## ジョチ裔諸政権の研究の重要性

1207年にジョチがチンギス・カンから部民と牧地を与えられ、1806年にヒヴァでカザフ出身のスルタンが廃位されるまでの600年間を見たとき、バト家という核をもった体制というのは1359年までにすぎず、あとは明確な核を持たない遊牧集団の緩やかな連合体として存在していた。しかも遊牧民が定住民や狩猟民の上位に立つ構造がつづく。造幣所も都市にあるだけでなく、宮廷とともに季節移動するようになった。

ジョチ・ウルス前期の実態をより深く知るためには、ジョチ裔諸政権の研究が欠かせない（赤坂2005）。特に、クリム国は北の遊牧地と南の交易拠点を併せ持つ、ジョチ・ウルス前期を相似的に小さくした国であり、クリム国の体制を理解することで、ジョチ・ウルス前期の構造をより推測できるようになるだろう。

ジョチ・ウルスは、東はシベリア、カザフスタンから西は
クロアチアにいたる広域を支配した国である。なぜジョチ・
ウルスの版図からソ連型の現存した社会主義国家群が生まれ
たのかを考えるためにも、ジョチ・ウルス研究は極めて重要
だと考える。

＊　　　＊　　　＊

　松田孝一・大阪国際大学名誉教授に、モンゴルに連れて
行っていただいた際、ハルホリンの博物館で実物の金貨を
見、ウランバートル空港でニャマー博士の著書を手に入れた
ことから、貨幣を軸にモンゴル帝国について語れないか、考
えるようになった。松田先生には様々なことを教えていただ
いてきた。感謝の気持ちをどう表現していいかわからない。
　2005 年から貨幣史研究会（旧日本銀行貨幣史研究会・西
日本部会）でお世話になっている。関西にいた頃は『元史』
世祖本紀を読む会にも参加させてもらっていた。発表を聞い
てくださった皆様にお礼を申し上げる。
　本書は、文部科学省科研費 16H01953「前近代ユーラシア
西部における貨幣と流通のシステムの構造と展開」（基盤研
究 A）の研究成果の一部である。鶴島博和・熊本大学教授

（当時）からはルーシの貝貨について早く書いてと言われていたが、遅くなってしまい大変申し訳ないと思っている。ただ、Yang（2019）のような貝貨について網羅している本にも、ルーシの貝貨に関する記述はなく、本書において少しは新しいものを付け加えることができたと思う。なお、ベラルーシのキイロダカラに関する画像は、ルスラン・イエシン駐日ベラルーシ共和国特命全権大使（当時）からいただいた。記して感謝したい。

　ジョチ・ウルスに関する書籍は少なく、特に日本語のものは戦前に出版された翻訳しかない。最近、諫早庸一氏からFavereau（2021）を教えていただき、杉山正明のような、非常に刺激的な内容に接したが、本書に反映できなかった。

　（株）清風堂書店の長谷川桃子さんには編集過程等で大変お世話になった。担当していただき感謝している。

　最後に、本書は函館大学出版会の出版助成を受けた。

令和5年6月8日

安木新一郎

# 参考文献

會田理人（1998）「ジョチ・ウルスにおけるサライの遷都」『史朋』、31。

赤坂恒明（2005）『ジュチ裔諸政権史の研究』、風間書房。

赤坂恒明（2010）「モンゴル帝国期におけるアス人の移動について」、塚田誠之編（2010）『中国国境地域の移動と交流：近現代中国の南と北』、人間文化叢書、ユーラシアと日本：交流と表象、有志舎。

伊藤崇展（2017）「書評　オラムバヤリン・エルデネバト（2009）『中世モンゴル地域にキリスト教の一派が伝播した略史について』ウランバートル」『東方キリスト教世界研究』、1。

エイディンタス・A.、ブンブラウスカス・A.、クラカウスカス・A.、タモシャイティス・M.（梶さやか、重松尚訳）（2018）『リトアニアの歴史』、明石書店。

井上正夫（2009）「国際通貨としての宋銭」、伊原弘編（2009）『宋銭の世界』、勉誠出版。

イブン・バットゥータ（イブン・ジュザイイ編，家島彦一訳注）（1999）『大旅行記4』、東洋文庫659、平凡社。

家入敏光訳（1966）『東洋旅行記』、東西交渉旅行記全集II、桃源社。

岩橋勝編著（2021）『貨幣の統合と多様性のダイナミズム』、晃洋書房。

上田信（2016）『貨幣の条件：タカラガイの文明史』、筑摩選書。

牛根靖裕（2008）「元代雲南王位の変遷と諸王の印制」『立命館文

學』、(608)。

宇野伸浩（1985）「ホイン・イルゲン考：モンゴル帝国・元朝期の森林諸部族」『早稲田大学大学院文学研究科紀要』、別冊 12、哲学・史学編。

岡本和也（2007）「13 世紀後半におけるジュチ・ウルスとマムルーク朝の外交関係：使節派遣の目的について」『オリエント』50（2）。

小澤重男訳（1997）『元朝秘史』、下、岩波文庫。

織田悠希・東村純子（2018）「博物館における紡績資料の活用：紡錘の考古学的研究に基づいて」『福井大学教育地域科学部博物館学集報』、5。

加藤一郎（1991）「ロシア貨幣概史 -1- 最近の諸研究を土台とした 15 世紀初頭までの叙述」『文教大学教育学部紀要』、25。

加藤和秀（1999）『ティームール朝成立史の研究』、北海道大学図書刊行会。

カーランスキー・M.（山本光伸訳）（2014）『塩の世界史：歴史を動かした小さな粒（上.)』、中公文庫。

川口琢司（1997）「キプチャク草原とロシア」、川口琢司（1997）『中央ユーラシアの統合』、岩波講座世界歴史11、岩波書店。

川口琢司・長峰博之（2013）「ジョチ・ウルス史再考」『内陸アジア史研究』、28。

川口琢司（2014）『ティムール帝国』、講談社選書メチエ、86 頁〜 93 頁。

川口琢司・長峰博之（2016）「十五世紀ジョチ朝とモスクワの相互認識：ロシア語訳テュルク語文書を中心に」、小澤実・長縄

宣博編著（2016）『北西ユーラシアの歴史空間：前近代ロシア
　と周辺世界』、スラブ・ユーラシア叢書 12、北海道大学出版会。

川本正知（2013）『モンゴル帝国の軍隊と戦争』、山川出版社。

北川誠一（1979）「ニクーダリーヤーンの成立」『オリエント』、
　22（2）。

北川誠一（1996）「ジョチ・ウルスの研究 1：「ジョチ・ハン紀」
　訳文 1」『ペルシア語古写本史料精査によるモンゴル帝国の諸
　王家に関する総合的研究』文部省科学研究費補助金研究成果報
　告書　総合研究（A）、（科研費課題番号 05301045）1993 年
　-1995 年。

北川誠一（1998）「ジョチ・ウルスの研究 2：「ジョチ・ハン紀」
　訳文 2」『史朋』。

栗生沢猛夫（1985）「ゴスチ考」『スラヴ研究』、（32）。

栗生沢猛夫（2007）『タタールのくびき：ロシア史におけるモン
　ゴル支配の研究』、東京大学出版会。

黒田明伸（2020）『貨幣システムの世界史』、増補新版、岩波現代
　文庫。

小林繁樹（2005）「世界最大の貨幣：石で作ったヤップのお金」、印
　東道子編著（2005）『ミクロネシアを知るための 58 章』、明石書店。

小村良二（2005）「近畿の石材（切石）：那智黒石」『地質ニュー
　ス』、609、2005 年 5 月。

佐々木史郎（1996）『北方から来た交易民：絹と毛皮とサンタン
　人』、NHK ブックス 772。

佐藤次高（2013）『マムルーク：異教の世界からきたイスラムの
　支配者たち（新装版）』、東京大学出版会。

佐原康夫（2001）「貝貨小考」『奈良女子大学文学部研究年報』、45。

島田正郎（2014）『契丹国：遊牧の民キタイの王朝』、新装版、東方選書 47、東方書店。

志茂碩敏（2013）『モンゴル帝国史研究正篇：中央ユーラシア遊牧諸政権の国家構造』、東京大学出版会。

白石典之（2017）『モンゴル帝国誕生：チンギス・カンの都を掘る』、講談社選書メチエ。

白川静（1971）『金文の世界：殷周社会史』、東洋文庫 184。

杉山正明（2010）「モンゴル西征への旅立ち：イルティシュの夏営地にて」、窪田順平編（2010）『ユーラシア中央域の歴史構図：13 ～ 15 世紀の東西』、総合地球環境学研究所・イリプロジェクト。

杉山正明・北川誠一（2008）『大モンゴルの時代』、世界の歴史 9、中公文庫。

スミス・R.E.F.、クリスチャン・D.（鈴木健夫・豊川浩一・斎藤君子・田辺三千広訳）（1999）『パンと塩：ロシア食生活の社会経済史』、平凡社。

高田英樹訳（2013）『マルコ・ポーロ、ルスティケッロ・ダ・ピーサ世界の記：「東方見聞録」対校訳』、名古屋大学出版会。

田中克彦・ハールマン・H.（1985）『現代ヨーロッパの言語』、岩波新書。

中村和之（2022）「モンゴル帝国時代のサハリン島の史料に見える方位のずれについて」『函館大学論究』、54（1）。

永沼博道（1993）「中世ジェノヴァ植民活動の特質：マオーナ・

ディ・キオの事例によせて」『関西大学経済論集』、42（5）。

長峯博之（2003）「「キプチャク草原の港」スグナク：1470-90年
　　代のトルキスタン地方をめぐる抗争とカザクのスグナク領有を
　　中心に」『史朋』、36。

長峰博之（2022）「サライはどこに？　：ジョチ・ウルスの「首
　　都」サライをめぐる近年の研究動向によせて」『西南アジア研
　　究』、95。

西村道也（2020）「古代ローマ期とビザンツ期の貨幣をめぐる模
　　造と模倣」、鶴島博和編（2020）『前近代ユーラシア西部におけ
　　る貨幣と流通のシステムの構造と展開（III・IV）』、文部省科
　　学研究費補助金研究成果報告書　基盤研究（A）、（課題番号
　　16H01953）。

バルトリド・V.（小松久男監訳）（2011）『トルキスタン文化史
　　1』、東洋文庫805、平凡社。

フェンネル・J.（宮野裕訳）（2017）『ロシア中世教会史』、教文
　　館。

舩田善之（2018）「モンゴル帝国の定住民地域に対する拡大と統
　　治：転機とその背景」『史學研究』、300。

フリードマン・M.（斎藤精一郎訳）（1993）『貨幣の悪戯』、三田出版会。

プリェートニェヴァ・S.（城田俊訳）（1996）『ハザール謎の王
　　国』、新潮社。

堀直（1980）「清代回疆の貨幣制度：普爾鋳造制について」『中嶋
　　敏先生古稀記念論集・上』。

前田直典（1973）『元朝史の研究』、東京大学出版会。

マクニール・W.（増田義郎・佐々木昭夫訳）（2008）『世界史』、

上、中公文庫。

松田孝一（1980）「雲南行省の成立」『立命館文學』、（418-421）（三田村博士古稀記念東洋史論叢）。

松田孝一（1998）「宋元軍制史上の探馬赤（タンマチ）問題」、松田孝一編（1998）『宋元時代史の基本問題』、汲古書院。

松田孝一（2002）「モンゴル帝国における工匠の確保と管理の諸相」、松田孝一編（2002）『碑刻等史料の総合的分析によるモンゴル帝国・元朝の政治・経済システムの基礎的研究』、大阪国際大学ビジネス学部松田孝一研究室。

松田孝一（2015）「チンギス・カンの国づくり」、白石典之編著（2015）『チンギス・カンとその時代』、勉誠出版。

間野英二（1977）『中央アジアの歴史』、講談社現代新書。

マルクス・K.（杉本俊朗訳）（1966）『経済学批判』、国民文庫4、大月書店。

村岡倫（1997）「元代江南投下領とモンゴリアの遊牧集団」『龍谷紀要』、18（2）。

村岡倫（2001）「モンゴル時代初期の河西・山西地方：右翼ウルスの分地成立をめぐって」『竜谷史壇』、117。

村岡倫（2015）「チンギス・カン世界戦略の「道」」、白石典之編著（2015）『チンギス・カンとその時代』、勉誠出版。

村岡倫（2020）「モンゴル帝国時代の史料に見える方位の問題：時計回り90度のずれが生じる要因」『13、14世紀東アジア史料通信』、（25）。

村上正二訳注（1970〜1976）『モンゴル秘史：チンギス・カン物語』1〜3、東洋文庫、平凡社。

三宅俊彦（2005）『中国の埋められた銭貨』、世界の考古学12、同成社。

宮澤知之（2007）『中国銅銭の世界：銭貨から経済史へ』、佛教大学鷹陵文化叢書16、思文閣出版。

宮澤知之（2012）「元朝の財政と鈔」『佛教大学歴史学部論集』、2。

宮紀子（2018）『モンゴル時代の「知」の東西（下)』、名古屋大学出版会。

護雅夫・岡田英弘編著（1990）『中央ユーラシアの世界』、民族の世界史4、山川出版社。

森安孝夫（2015）『東西ウイグルと中央ユーラシア』、名古屋大学出版会。

安木新一郎（2020）「「森の民」に関する覚書：モンゴル帝国支配下のシベリア」、『函館大学論究』、52（1)。

山内進（1997）『北の十字軍：「ヨーロッパ」の北方拡大』、講談社選書メチエ112。

山田信夫（1993）『ウイグル文契約文書集成』、第1巻、大阪大学出版会。

四日市康博編著（2008）『モノから見た海域アジア史：モンゴル〜宋元時代のアジアと日本の交流』、九大アジア叢書11、九州大学出版会。


Beer, R.（2003）*The Handbook of Tibetan Buddhist Symbols*, Shambhala, Boston.

Berta, J.（2008）Slavonia marten（The note was made by

Joszef Berta on the Forum Ancient Coins Classical Numismatics Discussion Board in April 2008）（https://www.forumancientcoins.com/moomoth/coins/slavonia_001.htm）.

Favereau, M.（2021）*The Horde, How the Mongols changed the World*, The Belknap press of Harvard University Press.

Grierson, P.（1999）BYZANTINE COINAGE, Second Edition, Dumbarton Oaks Research Library and Collection, Harvard University, Washington, D.C..

Heidemann, S.（2002）Coin pendant from Central Asia, Roth, Helmut R. and Ulambajar Erdenedat（ed.）（2002）Qara Qorum-City（Mongolia）I, Prelimirary report of the excavations 2000-2001, Bonn Contributions to Asian Archaeology, Vol.1, 2002（Institute of Pre- and Early Historical Archaeology, Bonn University）.

La Rus, Sofia and Kies, Mka Lisa（2007）Jewelry in Early Rus（http://www.strangelove.net/~kieser/Russia/KRCjewel.html）（Updated 4 April 2007）.

Maigys, Z（2021）Influence of the Golden Horde on early coins of the Grand Duchy of Lithuania（GDL）in 1380-1400, *Rus'・Lithuania・Horde, Journal of Numismatics and Sigillography*, Volume 9（2021）, pp101-116.

Nyamaa, B.（2005）*The Coins of Mongol Empire and Clan Tamgha of Khans*（XIII-XIV）, Ulaanbaatar, Mongolia.

Nyamaa, B.（2011）*The coins of Mongol Empire*（XIII-XIV）, Ulaanbaatar, Mongolia.

Vasary, I. (2010) *Cumans and Tatars: Oriental Military in the Pre-Ottoman Balkans, 1185-1365,* Cambridge University Press.

Yang, B. (2019) *Cowrie Shells and Cowrie Money, A Global History,* London and NY, Routledge.

ZENO.RU-Oriental Coins Database（https://www.zeno.ru/）.


Давидович, Е. (1972) *Денежное хозяйство Средней Азии после монгольского завоевания и реформа Мас'уд-бека XIIIв.,* Москва.

Евстратов, И. (2004) Об одной группе джучидских пулов с легендой（on alti si bir dangi / aqche）（http://info.charm.ru/library/Evstratov-thesis.htm）.

Лебедев, В. (2014) Монетный Чекан Мохши, Музей денег（http://muzeydeneg.ru/research/monetnyiy-chekan-mohshi/）.

Лукъянов, В. (2000) Кожаные жеребья – кожаные боны, *Нумизматический сборник* – 7. М., 2000. МНО. с.19-28.

Национальная Академия Наук Беларуси ,Институт истории (2012) *Археологическое наследие Беларуси,* Минск, Беларуская Наука.

Орешников А. (1996) *Русские монеты до 1547 г.* （https://www.russian-money.ru/coins/knyazhestva/kozhanye-zherebji/）

Орлов, А. и Борисенко, Н. (2007), От монет пришельцев ? к рублям и копейкам, *Банкауски веснiк,* ЛIПЕНЬ 2007, с.60-64.

Пигарев, Е., Ма, С. (2017) Находки китайских монет на золотоордынских городищах Нижнего Поволжья, *НУМИЗМАТИКА И ЭПИГРАФИКА, АРХЕОЛОГИЯ ЕВРАЗИЙСКИХ СТЕПЕЙ,* № 6,

2017г., Академия наук Республики Татарстан Институт археологии им. А.Х.Халикова АН РТ.

Прохорова, Н. (2007) Монеты и *банкноты России*, ООО Дом Славянской Книги.

Спасский, И. (1970) *Русская монетная система*, (http://www.arcamax.ru/books/spassky01/spassky23.htm)

Пушкарева, Н. (1989) *Женщины древней руси*, Москва, Мысль.

Рабинович, М. (1986) Одежда русских XIII-XVII вв., Рабинович (1986) *Древняя одежда народов восточной европы*, Наука, Москва.

Розенфельдт, Р. (1964) О производстве и датировке овручских пряслиц, СА. №. 4.

Рябцевич, В. (1977) О чем рассказывают монеты (https://web.archive.org/web/20111025115131/http://www.bighobby.ru/articles/art_bezmon.html).

Тихомиров, М. (1956) Древнерусские города, Москва: *Государственное издательство Политической литературы* (http://historic.ru/books/item/f00/s00/z0000082/st006.shtml)

Фёдоров-Давыдов, Г. (1985) *Монеты-свидетели прошлого*, М.

Фёдоров-Давыдов, Г. (2003) *Денежное дело Золотой Орды*. М.: Палеограф.

Юрченков, В. (2007) *Мордовский народ: вехи истории*. Саранск.

Янин, В. (2009) *Денежно-весовые системы домонгольской Руси и о черки истории денежной системы средневекового Новгорода*. М.: Языки славянских культур.

初出一覧

1章 「ジョチのタムガ」『京都経済短期大学論集』、25（2）、2017年。

2章 「イスラーム貨幣に打刻されたモンゴル帝号について」『京都経済短期大学論集』、26（2）、2018年。

3章 「中央アジア・ブハラで作られた漢字の刻印されたディルハム銅貨」、『京都経済短期大学論集』、26（3）、2019年。

4章 「大モンゴルの小額貨幣 ―ジョチ朝（キプチャク・ハン国）における銀貨・銅貨交換比率について―」、岩橋勝編著『貨幣の統合と多様性のダイナミズム』、2021年。

5章 「ジョチ朝支配下におけるモルドヴィン人の形成と貨幣発行」『函館大学論究』、54（2）、2023年。

6章 書き下ろし。

7章 「1360年代キエフの銀貨について」『函館大学論究』、53（2）、2022年。

8章 書き下ろし。

9章 「ルーシの石貨（紡輪）について」『函館大学論究』、53（2）、2022年。

10章 「13世紀後半モンゴル帝国領雲南における貨幣システム」『国際研究論叢』、25（2）、2012年。

**著者　安木　新一郎**（やすき　しんいちろう）

1977年　兵庫県に生まれる
2006年〜2008年　在ウラジオストク日本国総領事館・専門調査員
2009年〜2010年　国立民族学博物館・特別共同利用研究員
2010年　大阪市立大学大学院経済学研究科・後期博士課程・単位取得満期退学
現在　函館大学商学部教授（経済学修士）
著書　『ロシア極東ビジネス事情』（東洋書店、2009年）
　　　『国際学入門』（共著、法律文化社、2015年）
　　　『貨幣の統合と多様性のダイナミズム』（共著、晃洋書房、2021年）
　　　『論点・東洋史学』（共著、ミネルヴァ書房、2022年）

カバー・表紙・扉デザイン／
上野かおる装幀室

## 貨幣が語るジョチ・ウルス

2023年9月30日　初版第1刷発行
2024年4月30日　　　第2刷発行

著　者　安　木　新　一　郎
発行者　面　屋　　　洋
発行所　清　風　堂　書　店
〒530-0057　大阪市北区曽根崎2－11－16
ＴＥＬ　06（6313）1390
ＦＡＸ　06（6314）1600
振替00920－6－119910

制作編集担当・長谷川桃子

印刷・製本／オフィス泰
ISBN978-4-86709-029-9　C0022